"十三五"江苏省高等学校重点教材(编号:2020)
江苏高校品牌专业建设工程二期项目广陵学院广播
扬州大学出版基金资助成果

电视节目编导与制作

武新宏 编著

南京大学出版社

图书在版编目(CIP)数据

电视节目编导与制作 / 武新宏编著. —— 南京：南京大学出版社，2023.8
ISBN 978-7-305-27203-5

Ⅰ.①电… Ⅱ.①武… Ⅲ.①电视节目制作－研究 Ⅳ.①G222.3

中国国家版本馆 CIP 数据核字(2023)第 144919 号

出版发行	南京大学出版社		
社　　址	南京市汉口路 22 号	邮　编	210093

出 版 人　王文军

书　　名　电视节目编导与制作
编　　著　武新宏
责任编辑　刁晓静　　　　　　　　编辑热线　025-83592123

照　　排　南京南琳图文制作有限公司
印　　刷　丹阳兴华印务有限公司
开　　本　718×1000　1/16　印张 11.5　字数 260 千
版　　次　2023 年 8 月第 1 版　2023 年 8 月第 1 次印刷
ISBN 978-7-305-27203-5
定　　价　38.00 元

网址：http://www.njupco.com
官方微博：http://weibo.com/njupco
微信服务号：njuyuexue
销售咨询热线：(025) 83594756

＊版权所有，侵权必究
＊凡购买南大版图书，如有印装质量问题，请与所购
　图书销售部门联系调换

前　言

　　进入 21 世纪的第三个十年,抖音、网络短视频等迅猛发展,中国电视节目的形态也发生巨大变化。但万变不离其宗,基本的制作原则和创作流程没有变,也就是电视的 DNA 没有变,变的是表现手段和传播渠道。网络短视频的制作原理和要点与电视专题节目一样,都要选题、策划、采访、拍摄、制作、传播,只不过是篇幅变短,原来可能 20~30 分钟,现在 2 分钟甚至 30 秒,短时间内要把事情讲清楚,要求文本精炼,镜头精准。如何做到以不变应万变,是本教程编写的初衷。

　　《电视节目编导与制作》适应新时代的要求,在原有基础理论的基础上,强调时代性,融入最新信息;强化创作实践探索和训练,增加案例分析,加强理论与实践的对应性,可操作性。

　　将理论与实践相结合。旨在对创作理论进行具象化呈现,使学生能够对电视节目的形态、概念、历史、创作理念、创作方法等,有一个比较系统全面的了解与认知。在此基础上,重点介绍主要节目类型,如电视新闻、电视访谈、纪录片等电视节目的创作原则,掌握如何选题,如何采访,如何提炼主题,如何拍摄,如何制作出一部较为完整的电视节目。同时在创作过程中了解电视节目的社会价值。

　　突出作品案例分析。增加对学生实践作品的具体分析,从选题发现、主题提炼、拍摄技法,到后期制作剪辑,全要素拆分细解,给出电视节目创作现实可能性最具说服力的参照和创作信心的鼓舞。

　　《电视节目编导与制作》主要面向高校广播电视学、戏剧影视学等专业本科生及硕士生,以及从事影视研究与教学的教师、广大视频制作爱好者。力求对课程教学以及视频制作爱好者的实践创作,提供一些切实有效的参考与帮助。

目 录

第一编 电视概念及属性

第一章 电视的诞生 ································· 3
    第一节 电视的诞生历程 ································ 4
    第二节 电视的含义 ···································· 6
    第三节 电视的作用 ···································· 7

第二章 我国电视事业发展历程 ······················· 9
    第一节 初创期(1958—1978)：开拓前行 ················ 9
    第二节 繁盛期(1979—1999)：迅猛发展 ················ 11
    第三节 突围期(2000—　)：融合创新 ·················· 15

第三章 电视传播特性与电视文化属性 ················ 21
    第一节 电视传播功能及特性 ··························· 21
    第二节 电视文化属性及文化特征 ······················· 26

第二编 电视编导

第一章 电视编导概念及分类 ························ 33
    第一节 电视编导的含义 ······························· 33
    第二节 电视编导分类 ································· 39

第二章 电视编导思维及能力 ························ 51
    第一节 电视编导思维特点 ····························· 51
    第二节 电视编导素质与要求 ··························· 53

第三章　电视语言 ······ 58
第一节　语言的意义 ······ 58
第二节　电视语言系统 ······ 61
第三节　蒙太奇语言 ······ 77

第三编　电视节目制作

第一章　电视节目制作流程 ······ 87
第一节　前期策划 ······ 87
第二节　现场拍摄 ······ 91
第三节　后期剪辑 ······ 96

第二章　电视节目选题 ······ 100
第一节　选题概念 ······ 100
第二节　选题的原则 ······ 102

第三章　电视节目采访 ······ 109
第一节　采访的概念 ······ 109
第二节　采访注意的细节及作用 ······ 114

第四章　电视节目拍摄 ······ 119
第一节　画面语言的主要元素 ······ 119
第二节　拍摄的基本原则 ······ 131

第五章　电视节目剪辑 ······ 138
第一节　定题与开题 ······ 138
第二节　视听化主题 ······ 141

第六章　经典作品分析 ······ 149
第一节　专题片《本色》 ······ 149
第二节　微纪录片《如果国宝会说话》 ······ 157
第三节　纪录片《无穷之路》 ······ 161

附表：指导学生作品获奖目录（2009—2022） ······ 167

参考文献 ······ 172

第一编
电视概念及属性

　　电视的出现是人类对交流的一种不懈追求的结果。从手舞足蹈到载歌载舞,到结绳记事、绘画符号,到文字书简、印刷、广播,一路走来,伴随技术的革新而不断发展。电视则是电子时代的产物。世界上第一台电视机诞生于1926年,这一年也被称为电视的诞生年。英国电子工程师约翰·洛吉·贝尔德发明最原始的电视机,用电传输了图像。1928年,美国RCA电视台率先播出第一套电视片。从此,电视进入人类的视野,电视开始改变人类的生活、信息传播和思维方式,人类开启电视时代。德国社会学家W.格林斯把电视、原子能、宇宙空间技术,并称为"人类历史上具有划时代意义的三大事件",认为电视是"震撼现代社会的三大力量之一。"

第一章 电视的诞生

1926年,英国电子工程师约翰·洛吉·贝尔德(John Logie Baird)发明了可以用电传输图像的电视机。1930年美国的P.J.范思沃恩发明了电子扫描系统,而1936年美国RCA公司对电子束显像管的改进,促使电视进入现代阶段。1939年美国RCA公司推出世界上第一台黑白电视机,开启了黑白电视广播。到1950年代初期,黑白电视广播开始在世界各国普及。1958年中国开始黑白电视广播。

图 1-1-1 最早的电视机

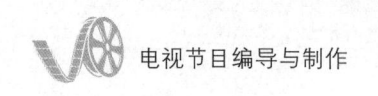

第一节　电视的诞生历程

电视利用人眼的视觉残留效应,显现一帧帧渐变的静止图像,形成视觉上的活动图像。电视系统的发送端,把景物的各个微细部分按亮度和色度转换为电信号,然后按顺序传送。在接收端,按相应的几何位置显现各微细部分的亮度和色度,来重现整幅原始图像。

随着1875年电话发明以及无线电和电影技术的发展,很多科技人员着手研究图像传送技术,想运用最新科技成果,对静止或活动的景物、影像进行光电转换,并将电信号传送出去,使其他地方能即时重现画面。首先发明和实现这样电视系统的是英国工程师约翰·洛吉·贝尔德(John Logie Baird)。贝尔德于1923年7月26日,向英国专利局申请了名称为"通过有线或无线电波通信方式,传送图像、肖像和场景的系统",并于1924年10月9日获得授权,专利号为GB222604。贝尔德生于1888年,他曾在拉奇菲尔德高等学校、皇家技术学院和格拉斯哥小学学习,因第一次世界大战爆发而辍学。作为一个不成功的商人,开始投入研究工作时,他很贫困,没有经费,只好利用茶叶箱、饼干盒、导线、腊等废旧物品,自己动手做实验装置,连旋转盘都是用卡片纸板做的,画面从顶到底30线,每秒传输10次。1924年,他成功地在几米范围内发射了马耳他十字小画面。1925年10月2日,他终于成功地使年轻勤杂人员威廉·台英顿(Willian Taynton)的脸出现在电视机上。

1926年,贝尔德发明了最原始的电视机,用电传输图像。贝尔德根据"尼普科夫圆盘"原理,发明了机械扫描式电视摄像机和接收机。当时画面分辨率为30行线,扫描器每秒只能5次扫过扫描区,画面本身2英寸高,1英寸宽。在伦敦一家小商店向公众做了表演。1930年,英国广播公司与贝尔德合作实验,成功传输有声电视图像。

1927 至 1929 年，贝尔德通过电话电缆首次进行机电式电视试播；首次短波电视试验；英国广播公司开始长期连续播发电视节目。

1930 年，实现电视图像和声音同时发播。

1930 年，英国电视试验播出第一部电视剧《花言巧语的人》。

1931 年，电视发明者之一美国人费罗·法恩斯沃斯，发明了每秒种可以映出 25 幅图像的电子管电视装置。费罗·法恩斯沃斯首次把影片搬上电视荧幕，人们在伦敦通过电视欣赏了英国著名的地方赛马会实况转播。

1936 年，英国广播公司采用贝尔德机电式电视广播，第一次播出了具有较高清晰度，步入实用阶段的电视图像。英国广播公司在伦敦亚历山大宫建立全世界第一个公众电视发射台，并于 11 月 2 日开始电视节目的定期播出。一般认为这是世界上第一个公众电视台。

1938 年，法国开始电视播出。1939 年苏联开始电视播出。

1939 年，美国 RCA 公司推出世界上第一台黑白电视机，开始电视播出。1953 年设定全美彩电标准，1954 年推出 RCA 彩色电视机。

1939 年，美国无线电公司开始播送全电子式电视。瑞士菲普发明第一台黑白电视投影机。

1940 年，美国古尔马研制出机电式彩色电视系统。

1951 年，美国 H. 洛发明三枪荫罩式彩色显像管，洛伦斯发明单枪式彩色显像管。

1954 年，美国得克萨斯仪器公司研制出第一台全晶体管电视接收机。

1958 年 5 月 1 日，北京电视台成立。

1966 年，美国无线电公司研制出集成电路电视机。3 年后又生产出具有电子调谐装置的彩色电视接收机。

1972 年，日本研制出彩色电视投影机。

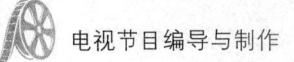

1973年，数字技术用于电视广播，实验证明数字电视可用于卫星通信。

1973年，中国播出彩色电视节目。

图1-1-2　1958年中国第一台电视机

第二节　电视的含义

"电视"的语词意义，由希腊文 tele"远"，和拉丁文 visus"视"，组合而成新的英文单词 television，意思是"看见远方的图像"。

电视可以看见远方的空间。身在此处，可以看到世界各地，看到巴黎、纽约、伦敦，看到北京、上海、深圳。看到不同地方发生的事情。

电视可以看到远方的时间。也就是可以看到历史，看到过去。从电视上可以看到唐朝，看到武则天、唐明皇，看到李白、杜甫、白居易，只要有这些电视节目，如电视剧《武则天》《武媚娘传奇》等。也可以看到清朝，看到康熙、雍正和乾隆皇帝，看到圆明园的兴衰历程，比如电视剧《还珠格格》《宫》《甄嬛传》，纪录片《圆明园》等。也可以看到未来，通过科幻节目，看到未来时空。

从传播学概念讲，电视是指利用电子技术及设备传送活动的图像画面和音频信号的行为，一般叫电视传播，简称电视。

"电视"可以包括三个含义,一是传播行为,也就是传播声像信息的行为;二是传播载体,就是声像信息的承载工具,也就是电视机;三是传播信息的具体内容,也就是电视节目。一般人们说,"我在家看电视",这时"电视"是指电视节目,不是电视机。

第三节　电视的作用

作为大众传播媒介,电视有很多作用。

1. **文化引领作用**。当电视成为大众文化的一部分,人们便不由自主地把更多的业余时间锁定在电视屏幕前。尽管作为新兴媒体的互联网、与日益风靡的电脑游戏正在分解着人们的注意力与业余生活,但电视的传播及文化引领作用,还将在很长一段时间内存在,并在一定程度上左右着受众的思维乃至行为方式,引领文化、价值及审美。比如《中国诗词大会》《经典咏流传》《中国地名大会》《中国书法大会》《典籍里的中国》等电视节目,起到传承传统文化,促进中华优秀传统文化创造性转化等作用。

2. **舆论引导作用**。电视仍然是国家的喉舌与舆论工具,重大事件、国家政策的宣传报道,都需要电视作为主流渠道进行传播。每年的两会报道、突发事件跟踪报道,体现及时性、客观性、权威性、可信性。如国庆阅兵、奥运会开幕式、神舟飞船发射等重大事件,都需要电视节目的直播传递最权威、最可信的信息。

3. **社会教育作用**。电视节目有非常强的社会教育价值,国产电视剧、专题片、纪录片等电视节目,都以不同形态发挥电视艺术的教育功能,传播正能量。如《山海情》《人世间》《觉醒年代》《情满四合院》《都挺好》《小别离》《小敏家》《大国崛起》《圆明园》《辉煌中国》《航拍中国》《美丽中国》《乡村里的中国》等优秀电视节目。

4. **娱乐作用**。电视的娱乐作用,在没有出现互联网之前表现的比较明显。人们聚集在客厅观看电视剧、电视综艺等节目,放松心情。有人可以躺在沙发上一连几个小时看电视,被称为"沙发上的土豆"。美国著名媒体文化研究者尼尔·波兹曼在《娱乐至死》中说到,电视改变了公众话语的内容和意义;政治、宗教、教育和任何其他公共事务领域的内容,都不可避免地被电视的表达方式重新定义。一切公众话语都日渐以娱乐的方式出现,并成为一种文化精神。一切文化内容都心甘情愿地成为娱乐的附庸,而且毫无怨言,甚至无声无息,"其结果是我们成了一个娱乐至死的物种"。但是娱乐仅仅是电视所承担的最简单的功能,这种简单的功能不足以使电视成为控制大多数人眼球的工具,现在被互联网游戏、手机、短视频等其他媒介或手段轻松实现。作为传播文明的最直接的工具,电视理应做出更多更大的贡献。面对各阶层不同认知能力的受众群体,任何一种不利于形成良性思维与行为方式的电视画面及语言,都会在潜移默化中发生着令人意想不到的作用和效果。而电视的娱乐相对互联网而言,更加显得"寓教于乐"。

思考题

1. 什么是电视?电视的含义有哪些?
2. 简述电视诞生历程。

第二章 我国电视事业发展历程

中国电视从1958年5月1日北京电视台正式成立开始,至今经历60多年的风雨历程,可以分为三个大的时期:第一个时期为初创时期,零点起步;第二个时期为改革开放之后的飞速发展期;第三个时期为进入21世纪迎来的突破重围、融合创新期。

第一节 初创期(1958—1978):开拓前行

1958年5月1日至23日,中国共产党第八届全国代表大会第二次会议召开。会议制定了"鼓足干劲、力争上游,多快好省地建设社会主义"的总路线,从此全国掀起"大跃进"热潮。在这种各行各业都实行"大跃进"的形势下,作为广播电视事业的主要宣传工具,北京电视台在各项条件都不成熟的状态下积极筹措,于1958年5月1日正式成立。当晚播出的内容:第一个节目为《工业先进生产者和农业合作社主任庆祝"五·一"节座谈》,形式为电视座谈讲话,时长10分钟。第二个节目是新闻纪录片《到农村去》,由中央新闻纪录制片厂摄制,反映干部下放问题,片长10分钟。这个时期电视台播出的纪录片,主要依托于中央新闻纪录电影制片厂提供影片。初期的电视事业发展有很多的第一次。

第一座电视台:1958年5月1日,中国第一座电视台——北京电视台(今中央电视台前身)开始试验播出,中国自己的电视信号第

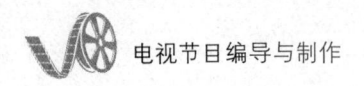

一次出现在了屏幕上。

第一部电视剧：1958年6月1日，全国第一部电视剧《一口菜饼子》播出。

第一次大型转播：1958年10月1日，北京电视台首次对国庆"十一"阅兵式和群众游行进行了现场实况转播，这是北京电视台第一次对重大节庆典礼活动进行大型转播。

第一位播音员：1958年11月2日，播音员首次出镜口播新闻，当天负责播报的播音员沈力成为我国第一位电视播音员。

第一次对外出售电视片：1961年4月4日—14日，中央人民广播电台、北京电视台在北京转播我国历史上第一次举办的世界性体育比赛——第二十六届世界乒乓球锦标赛。北京电视台首次向联邦德国、巴西、澳大利亚等国出售电视片。

第一次参加国际性电视节：1963年9月1日—10日，中国电视代表团参加了在阿联（今名埃及）亚历山大港举行的第二届国际电视节。影片《金小蜂与红铃虫》获科教片二等奖。这是我国首次参加国际性电视节并获奖。

第一次外派记者报道：1963年11月10日—20日，中央人民广播电台、北京电视台派出报道组采访在雅加达举行的第一届新兴力量运动会。北京电视台是第一次派记者到国外报道体育活动。

第一次彩色播出：1973年5月1日，北京电视台正式开始彩色电视试播，中国开始迈向彩色电视时代。

中国电视初始阶段，中国电视节目多为格里尔逊式、政论化风格。内容上报道重大事件、介绍先进典型、宣传方针政策，特别是非常时期如《三口大锅闹革命》《当代愚公战太行》《壮志压倒万重山》等节目，题材典型、细节典型，概念化、公式化更加突出。

第二节 繁盛期(1979—1999):迅猛发展

1978年12月18日至22日,中国共产党十一届三中全会在北京召开,高度评价了"关于真理标准问题"讨论的意义和价值。做出把工作重点转到现代化建设上来,实行改革开放的历史性决策。国有体制改革、计划经济向市场经济转变,巨大的前所未有的变革,深入到每一个角落。传统与现代、理想与现实冲撞冲突,人们的独立意识、自我价值实现意识逐渐觉醒。从此中国进入全面复苏发展的历史关键时期。电视也和其他艺术形态一样,进入快速发展时期。

系列化时期(1979—1989),思想解放、改革开放。栏目化、系列化。栏目:1979年9月30日中央电视台开办《祖国各地》,1989年中央电视台开办《地方台50分钟》,1990年改为《地方台30分钟》,采用美国20世纪50年代电视纪录片风格。

系列片:1979—1981年中日合拍《丝绸之路》15集;1983年中日合拍《话说长江》25集;1986年中央电视台独立拍摄《话说运河》35集。

回归时期(1990—1999),电视领域开始出现客观反映现实的弗拉哈迪式作品。涌现出《望长城》《流浪北京》《沙与海》《藏北人家》《阴阳》《龙脊》《远在北京的家》《远去的村庄》《德兴坊》等一大批现实主义优秀作品。回归不介入、不干预的"直接电影"理念,以观察者身份制作反映丰富内涵的电视作品。具有比较强的人文关怀,以平民视角,关注事件发展的过程,保持原生态。

《新闻联播》诞生:1978年1月1日,《新闻联播》正式开播。《新闻联播》是中国收视率最高、影响力最大的电视新闻栏目。《新闻联播》是中国中央电视台每日晚间播出的一档新闻节目,被称为"中国政坛的风向标",节目宗旨为"宣传党和政府的声音,传播天下大事"。早在1970年,北京电视台新闻部在合肥、太原和成都等地电视台分别开会,寻求如何加强全国电视新闻联播节目的供稿能力。当时北京电视台新闻部职员夏之平、朱继峰、穆昭山等,都是搭乘飞机穿梭三地,故名"飞行会议"。"飞行会议"提出了电视新闻改革工程的"十六字方针",即"实事求是,一事一议,短小精悍,新鲜活泼"。1976年7月1日,根据全国省级电视台共同协商的意见,北京电视台第一次试播《全国电视台新闻联播》节目,向全国10多个省、直辖市电视台传送信号,该节目成为《新闻联播》的雏形。《新闻联播》采用高度程式化的编排风格。从播出顺序来看,依次为时政报道、常规报道、国内简讯、国际简讯。四大版块虽偶有调整,但总体维持着次序的稳定。1982年9月1日起,中共中央明确规定,重要新闻首先在《新闻联播》中发布,由此开始奠定《新闻联播》节目作为官方新闻发布管道的重要地位。

中央电视台更名:1978年5月1日,北京电视台改名为中央电视台,对国外称中华人民共和国中央电视台。

第一部引进海外动画片:1978年5月11日,中央电视台正式引进第一部海外TV版动画片《铁臂阿童木》。

第一次卫星转播体育比赛实况:1978年6月25日,中央电视台通过国际卫星,从阿根廷向国内转播第十一届世界杯足球赛比赛实况。这是我国电视台第一次通过卫星从国外回传体育比赛实况。

第一条电视商业广告:1979年1月28日,上海电视台播出了中国电视历史上第一条商品广告。进入80年代后,全国各电视台全面开展了广告经营业务。进入90年代后,我国的电视广告经营进入高速增长期。一批优秀的电视节目形成黄金资源效应,1994年11月8日开始的央视黄金时段广告招标更是备受瞩目。

第一次全国电视节目会议:1979年8月,第一次全国电视节目会议召开,明确提出电视台要独立自主办节目,摆脱长期"要饭吃"的状况,成为电视节目生产主体性全面萌发的起点。

第一次大规模节目交流:1979年9月15日—10月21日,中央电视台主办了《庆祝建国30周年全国电视节目联播》。有23个省、自治区、直辖市的电视台推荐了节目。这是我国电视界第一次大规模的节目交流。

第一次播出美国科幻片：1980年5月，中央电视台首次播出美国大型科幻系列片《大西洋底来的人》，掀起收视狂潮。

第一份通俗电视刊物创刊：1980年10月20日，由浙江省广播事业局主办的全国第一份通俗电视刊物《大众电视》创刊。

第一次全国性电视节目评选：1981年4月3日—13日，第三次全国电视节目会议在北京召开。会议对1980年1月1日到1981年3月31日在中央电视台第一套节目里播出的各类节目进行评选，评出优秀节目125个。电视剧《凡人小事》《女友》《有一个青年》获一等奖。这是我国电视史上第一次大规模的全国性电视节目评选活动。

第一次卫星通信电视转播试验成功：1982年10月5日，中国第一次在国内进行的卫星通信和电视转播试验取得成功。

第一个电视节目市场成立：1983年，我国第一个电视节目市场——全国省级电视台节目交流网成立。当时的交易方式虽然还是原始的物物交换，但中国电视人的市场观念却是从这里起步的。

第一届央视春晚：1983年，首届中央电视台春节联欢晚会播出，春晚具备了现场直播、观众点播、主持人串场和茶座式观众席等特点，强化了电视媒介独有的魅力，激发了观众的参与热情。

第一家高校电视台：1985年10月1日，经有关部门批准，我国第一家高校电视台——武汉华中工学院电视台成立并开始播出。这个电视台是华中工学院自筹资金建立起来的，专门用于播出电视教学节目。

第一家省级有线电视台：1990年4月18日，全国第一家省级有线电视——湖南有线广播电视台开始试播。有线台的成立，打破了无线电视一统天下的局面。

《正大综艺》登陆央视：1990年4月21日，《正大综艺》在中央电视台正式开播，节目通过外景主持人带观众走向世界各地，了解各地的风土人情。节目口号"不看不知道，世界真奇妙"，更是成了几代人

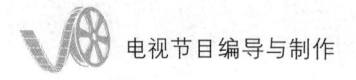

的童年回忆。

《渴望》牵动无数中国观众：1990年岁末，电视剧《渴望》播出，这是中国第一部大型室内电视连续剧，这部剧开创了真正意义上的中国长篇电视情节剧的历史，也成了当时的"现象级"剧作。

电视"上星"：1992年10月，我国第一个卫星电视频道——中央电视台第四套节目开播，使得之后"上星"与"落地"成为电视领域越来越热门的话题。1992年，贵州卫视、云南卫视通过卫星播出，成为中国电视史上上星最早的省级卫视。1993年，四川卫视、西藏卫视、新疆卫视上星，省级卫视逐渐被人们广泛认识。电视台节目上星，是传输手段历史性的转变。

中国电视新闻节目改革：1993年5月1日，《东方时空》开播，开中国电视新闻评论类节目先河。其后，《焦点访谈》《新闻调查》相继创办，中国电视新闻改革进入实质性阶段。

《新闻联播》录播改直播：1996年1月1日，《新闻联播》由录播形式改为现场直播；同年，中国中央电视台升格为国家"副部级"事业单位。《新闻联播》实现以直播方式播出，带来电视时效革命，进入争分夺秒的新时期。

香港回归报道创下直播收视纪录：1997年是中国电视直播史上具有跨时代的标志性意义的年份，这一年，中央电视台先后进行了6次大规模的直播活动。其中香港回归报道是中央电视台建台以来规模最大的一次直播报道，投入了有史以来数量最多、最先进的设备，创造了当时中国电视收视最高纪录。

湖南卫视自制剧掀收视热潮：湖南卫视1986年出品的《乌龙山剿匪记》开创了国内自制剧的先河。1997年，湖南卫视的自制剧《还珠格格》引发收视狂潮，随后又制作了《又见一帘幽梦》《血色湘西》《恰同学少年》等自制剧。

全国第一家广电集团：1999年，无锡广播电视集团正式挂牌成立，成为全国第一家广电集团。

第三节 突围期(2000—):融合创新

2001年11月10日,世界贸易组织第四届部长级会议,在多哈审议并通过了中国加入世贸组织的决定。12月11日,中国正式成为世贸组织成员。2002年党的十六大第一次将"小康社会"写入报告主题。2006年《中华人民共和国农业税条例》废止,中国农民告别绵延2000多年的农业税,切实减轻了农民负担。2013年11月,党的十八届三中全会通过《中共中央关于全面深化改革若干重大问题的决定》,明确全面深化改革的总目标,即"完善和发展中国特色社会主义制度,推进国家治理体系和治理能力现代化"。2016年1月,党的十八届五中全会提出创新、协调、绿色、开放、共享的"五大"发展理念,针对国内经济发展进入新常态、世界经济复苏低迷开出新的药方。2017年10月18日,习近平同志在十九大报告中提出,坚持和平发展道路,推动构建人类命运共同体。人类命运共同体理念从政治、安全、经济、文化、生态等方面,向国际社会回答了"中国想要一个什么样的世界"这一重大问题,阐明了中国坚持走和平发展道路的坚定决心,展示了中国同世界一起共享繁荣的博大胸怀。国家实力的发展为电视内容生产提供丰富源泉,与此同时网络新媒体的出现,也对电视的生存带来前所未有的困难与挑战。电视媒介不断探索创新,寻找突围发展之路。

融合创新发展时期(2000—),也是中国电视大众化、娱乐化、产业化发展时期。各种风格、各种题材、各种形态、各种类型电视节目相继出现,百花齐放,丰富多彩。《经典咏流传》《中国诗词大会》《中国考古大会》《国家宝藏》《讲述》《见证》《纪事》等栏目。

湖南卫视成为省级卫视领军者:2002年,湖南卫视确立了"锁定娱乐、锁定年轻、锁定全国"的频道定位。2004年,推出"快乐中国"的频道理念,并围绕这一理念进行栏目编排,强化频道特色。2006

年,湖南卫视广告创收突破10亿,居省级卫视第一,成就了中国电视史上"电视湘军"的美誉,成为这一阶段省级卫视的领军者。

省级卫视百花齐放：2002年,安徽卫视确定了"剧行天下"的频道定位,数个知名电视剧栏目的收视率在省级卫视同时间段中遥遥领先。2004年,山东卫视锁定"情义"定位,推出《水浒传》《闯关东》等现象级大剧和知名栏目。贵州卫视的"西部黄金卫视"、广东卫视的"财富"、江苏卫视的"情感天下"、浙江卫视的"中国蓝"、广西卫视的"女性"、云南卫视的"绿色人文"、东方卫视的"时尚综合"、海南卫视的"旅游频道"等,纷纷通过市场细分,获得了个性化的快速发展。

电视台频道专业化运营：2003年7月1日,中央电视台新闻频道正式开播,向新闻立台回归。电视频道专业化运营阶段正式开始。

2003年,堪称"广播电视直播年"。面对伊拉克战争和突如其来的"非典",广播电视人沉着应对,以主持人和嘉宾谈话方式,就单一事件开启长周期、高密度、全方位的连续直播,央广推出《海湾零距离》、央视推出《伊拉克战争直播报道》,创造新闻改革的又一个里程碑。其间,广播《行风热线》、电视问政节目渐次升温。2008年中央提"按新闻规律办事",在雨雪冰冻、汶川地震等重大灾害发生时,广播电视记者迎难而上,冲到抗灾报道第一线,讴歌中国人民众志成城、共克时艰的顽强意志,也彰显了广播电视媒体在应对突发事件和灾难救援方面的独特价值。2003年神舟五号载人飞船发射成功、2008年北京奥运会惊艳世界、2010年上海世博会圆满谢幕,广播电视将这些重要事件连同中国改革开放成就的声音和图像传遍全球,极大地改变了世人对中国的印象和中国媒体在世界的形象。

"超级女声"引领电视选秀：2004年,湖南卫视开始举办女性大众歌手选秀赛"超级女声",受到了许多观众的喜爱,成为当时一档现象级的电视娱乐节目,并引起了跟风模仿。数十家频道随后纷纷推出了同类型的节目,电视综艺由此进入选秀时代。

央视进军电视购物频道：2006年12月28日,中央电视台宣布开播"CCTV中视购物"频道,此举标志着央视正式进军电视购物领域。而电视购物也成为广电媒体创收的有效途径之一。

地面模拟电视向数字电视转换：2008年，北京等8个城市开通了地面数字电视，开始播出高清和标清电视节目，正式拉开我国地面模拟电视向地面数字电视转换的序幕。2008年9月28日，北京卫视高清频道开播，高清节目比例占全部播出时长的50%以上。

纪录片《舌尖上的中国》大火：2012年5月，7集纪录片《舌尖上的中国》在中央电视台播出，引起广泛赞誉和热烈反响。开播以来平均收视0.481，日最高收视率达0.75，不仅赢得满意的收视率，相关话题也火爆网络，引发一股"舌尖热"。

"好声音"开启综艺"烧钱"路：2012年，浙江卫视推出了《中国好声音》第一季，通过植入等创新广告形式，放大广告的传播效果，获得更好的收视率、更多的广告承载量、更强的市场竞争力。大投入、大明星、大推广，成为湖南卫视、浙江卫视、东方卫视、江苏卫视四大卫视角逐综艺市场的公开武器。

2013年起，广播电视整体跨入融合发展阶段。2013年初，广播电影电视总局印发《关于促进主流媒体发展网络广播电视台的意见》，提出将网络广播电视台提升到与电台电视台发展同等重要地位，推动因台资源互动和深层融合，打造具有广电特色的网络视听新媒体。为推动职能转变和资源整合，2013年3月，中央决定将新闻出版总署与广播电影电视总局合并，组建新闻出版广电总局。

2014年8月中央印发《关于推动传统媒体和新兴媒体融合发展的指导意见》。强调融合发展重在"融为一体、合而为一"，要尽快从相"加"迈向相"融"，着力打造一批新型主流媒体。

2015年新闻出版广电总局、财政部联合印发《关于推动传统出版和新兴出版融合发展的指导意见》，2016年新闻出版广电总局发布《关于进一步加快广播电视媒体与新兴媒体融合发展的意见》，明确要求：力争两年内，在局部区域取得突破性进展；在"十三五"后期，取得全局性进展。

"芒果TV"创立：2014年4月，湖南卫视正式创立"芒果TV"，打响媒体融合的"第一枪"。作为湖南广电唯一的互联网视频平台,芒果TV以强大的湖南卫视为后盾,专注做强视频平台和新媒体业务,探索电视媒体全方位的数字化转型,其成功实践为媒体融合发展提供了可供借鉴的思路。

"摇一摇"引领跨屏互动:2015年央视春晚与微信合作,在直播过程中加入了摇红包互动,当晚微信用户参与次数达72亿次,最高一分钟达8.1亿次,在吸引用户注意力的同时,也赋予受众新的节目体验。"摇电视"打通了电视与手机之间的屏障,实现了跨屏互动,是新媒体和传统媒体融合的新探索。用户不再单纯被动接受节目内容,而是能够积极地参与到节目互动中来。

图1-2-1　2018年4月19日,中央广播电视总台正式揭牌

中央广播电视总台组建:2018年3月,中共中央印发《深化党和国家机构改革方案》全文,提到"将撤销中央电视台(中国国际电视台)、中央人民广播电台、中国国际广播电台建制。对内保留原呼号,对外统一呼号为'中国之声'"。中央三台合并,实现了中央层面的广播、电视,国内、国外传播机构的融合,为广播电视改革提供了现实案例。

首个电视虚拟主播亮相:2018年5月,科大讯飞旗下的讯飞智声平台使用AI语音合成技术,对央视主播康辉的声音进行合成模拟,打造出全球第一个虚拟主播形象"康晓辉",在CCTV-13的特别报道《直播长江》中亮相。

首个省级电视4K超高清频道获批:2018年9月4日,国家广播电视总局批复同意广东广播电视台综艺频道调整为4K超高清方式播出。自此,广东综艺频道成为全国首个省级电视4K超高清频道。

首个上星4K超高清电视频道开播:2018年10月1日,国内首个上星超高清电视频道CCTV4K超高清频道在中央广播电视总台开播。这是中央广播电视总台向着建设具有强大引领力、传播力、影响力的国际一流新型媒体迈进的重要一步。

首次实现8K超高清内容5G远程传输:2019年6月26日,中央广播电视总台成功实现我国首次8K超高清内容的5G远程传输,并为参加2019世界移动大会的嘉宾现场呈现极致流畅的传输速度以及色彩鲜艳、纤毫毕现的画质体验。

2019年6月底开始,《新闻联播》栏目由原央视新闻中心改为中央广播电视总台新闻节目中心。8月1日,CCTV-7由"军事·农业频道"更名为"国防军事频道",《新闻联播》从此时起由CCTV-1、CCTV-7、CCTV-13、各省级卫视频道和部分地方台并机直播。

《新闻联播》入驻短视频平台:2019年8月24日,《新闻联播》正式入驻短视频平台抖音、快手。仅一天时间,其抖音号的粉丝数增长至近1500万,直接冲上当天的热点榜第一名。在快手上发布三条视频后,粉丝数即达到了近1700万。

截至2019年8月,中央广播电视总台建成4K超高清频道技术系统,并于国庆前夕全面开通,向全国直播中华人民共和国成立70周年阅兵庆典高清视频。原中央三台所属"三微一端"整合为超级移动客户端"央视频",通过它和各频道垂直客户端分发,对庆典活动进行全方位多角度报道。据统计,电视端总收视达7.99亿人次,总台自有新媒体平台和第三方合作平台总体阅读浏览量达45.98亿次,其中视频点播收看次数超过 36.93 亿次。"央视频"出品 4K 超高清直播电影《此时此刻——共庆新中国 70 华诞》信号接入全国 70 家影院,是电视与院线的首次联手,视觉冲击力产生爆款级观映效果。这为将来把奥运会、世界杯赛事信号引入院线,开辟广播电视新蓝海埋下了伏笔。4G 改变生活,5G 改变社会。随着 5G 实用阶段的来临,智慧广电除了传递信息、服务生活,还将在现代社会治理中扮演举足轻重的角色。智能网关接入家庭,将给客厅带来前所未有的视听体验,让家人享受智能生活的天伦之乐。可以预见,未来广播电视前景光明,将赢得从"办新媒体"到"用新媒体"再到"变融媒体"的华丽转身。

思考题

1. 中国电视发展初期的特点是什么?
2. 简述中国电视在改革开放时期的发展成就。
3. 思考新媒体环境下中国电视面对的困难与挑战。

第三章 电视传播特性与电视文化属性

电视传播是以电子科技进步为依托的,为此电视传播的变革总是依赖于电子科技的进步。电子渗透于电视传播全过程之中,电视的发展离不开电视技术的进步这一科技基础。

第一节 电视传播功能及特性

一、电视传播正功能

1. 拉斯韦尔"三功能"说

哈罗德·拉斯韦尔(1902—1978),美国著名的政治学家,也是传播学家。他对传播学的贡献集中在宣传分析和传播过程研究方面。1927年出版的《世界大战中的宣传技巧》(中译本由中国人民大学出版社2003年出版)是宣传分析的代表作。他在1948年发表的《传播在社会中的结构与功能》中,提出了传播的三大功能以及著名的5W传播模式。被称为美国传播学第一大先驱者。

(1)监测环境。自然和社会都在不断地变化和发展中,人类必须了解并适应这些变化和发展,才能使自身适应并生存下去。因此大众传播对社会的发展起到了"瞭望哨"的作用。对社会而言,可以发出自然灾害等警告,促成信息流通,巩固社会规范。对个人而言,大众传播可以提高新闻人物的社会地位。对文化而言,可以促进不同文化之间的交流,有利于推动各种文化的发展。

(2) 协调社会。社会是一个建立在不同分工基础上的有机体。社会各组成部分之间的协调发展才是保证整个社会和谐、稳定的基础。大众传播具有联络、沟通、协调社会各组成部分的功能。电视传播可以激励和动员群众,提出对策,抵御有碍于社会安定的各种威胁;可以防止因报道某些事件和敏感问题造成的过度刺激;对社会和个人,都有助于对信息的摄取和利用,也防止受传者因信息过多而无所适从。

(3) 传承遗产。人类社会的发展是建立在对历史的继承和创新基础上的。我们只有将前人的智慧、知识、经验,加以记录、整理、保存并传给后代,才能使后人在前人的基础上进一步完善、发展和创造。因此大众传播是社会遗产代代相传的重要保证。电视传播能够把文化传递给下一代,可以起到促成文化体系一致性和标准化的作用。

2. 赖特"四功能说"

美国学者赖特继承了拉斯韦尔的"三功能说",并在此基础上围绕大众传播的社会功能问题提出了"四功能说"。美国学者 C. R. 赖特 1959 年发表《大众传播:功能的探讨》,认为大众传播有四种功能,在拉斯韦尔"三功能"说的基础上加上了"提供娱乐"。

(1) 环境监视功能。大众传播是在特定的社会环境下收集及传播信息的活动,包括两个方面,一方面是警戒外来的威胁,二是满足人们日常的生活,包括政治、经济、科技、艺术等各方面对信息的需要。为此大众传播在这里起到了很重要的作用。

(2) 解释与规定。大众传播并不是单纯的"告知"活动,而是伴随着对事件的解释,也提示人们该如何对事件进行反应。大众传播对新闻事件的选择、评论、评价都是将人们的注意力集中到特定的事件上,评论与社评也都是有明确意图的说服或动员活动。"解释与规定"功能是为了向特定方向引导和协调社会成员的行为。

(3) 社会化功能。大众传播在传播知识、价值、社会规范等方面起着重要的作用。人的社会化不只是在学校、群体中进行,也是在大众传播的环境下进行的。这与拉氏的社会遗产继承功能类似,也称为教育功能。

（4）娱乐功能。大众传播传递的信息不只是告知性,如知识性等务实的信息;也是娱乐性,为了满足人的精神生活的需要,例如文学的、游戏的、艺术的、消遣的,等等。大众传播的一项重要功能就是提供娱乐。

二、电视传播负功能

1. 麻醉精神

美国社会学家拉扎斯费尔德(1901—1976)和默顿提出"正负功能说"认为,电视有社会地位赋予功能。人们通过电视可获得很高的知名度和社会地位;但也有负面的功能,即麻醉精神作用。

麻醉精神作用具体表现有:降低思考能力和行动热情;以为看到了、知道了就是参与了;被动的知识积累;失去判断能力、行为能力;因为太过直观、形象;图形时代的"快餐文化",一次性消费让人养成不爱思考的习惯。

2. "两个环境"理论

美国评论家李普曼在《舆论学》中认为,媒介环境是虚拟环境。即使没去过上海,人们通过电视媒体或其他媒体,也能获得对上海这个城市的大致印象,但和实际上是不一样的。印象的时间、空间、角度是媒体呈现的,影响人们的认知和行为。如果观众看了《心花路放》认为中国青年都像片中那样对待爱情或都那样生活,则是片面的。看了一些宣传片认为现实就这么完美,也是片面的。

媒介环境与现实环境始终有差距。传播者是有选择地传送,接受者也是有选择地接受。人们所能做的只是尽量缩短这个差距。

三、电视传播主要特点

电视传播主要具备以下五个特点:

1. 广泛性:电视不像报纸需要认字才能读报,也不像报纸需要投递传送,电视受众覆盖人员广泛,可以说全员覆盖,没有学历、职业、年龄、身份限制,只要想看电视都可以;传播范围也非常广阔,覆盖面广,地域辽阔,只要信号能够到的地方,无远弗届。

2. 直观性:电视不仅有声音,还有画面。声画同步。直接性、直观性至少有三个好处,一是通俗、生动,二是可以充分发挥示范作用,三是突出视觉在传播中的地位。

3. 快捷性:共时、即时。即时性与现场性。电视具有极强的实效性,可以在同一时态内实现超越时空界限的即时传播,同时以视听综合的手段再现观众对外部世界的感受体验,具有现场性。

4. 共时性:卫星覆盖与有线传输的结合将大众编织在一种共同的经验中,不同地域的人,在同一时间收看同一节目,这种经历前所未有。共时性传播为流行文化支起空间平台,从荧屏出发,可以到达广阔的人群。

5. 参与性:电视节目的参与性、互动性与生俱来。参与式收看让受众成为电视的俘虏,嘉宾、现场观众可以到现场参与录制,奖品等种种诱惑布下天罗地网,受众在观看电视节目的同时,也关闭了理性思考,任凭感性听随电视内容摆布。电视与流行文化合谋,大众在毫无防范的心理状态下被罗织进流行文化的情境。

四、电视传播规律

电视传播的规律是指电视传播活动过程中本身固有的、本质的必然联系,主要有以下规律:

1. 电视传播的及时性与普及性。电视传播与接收可以同时进行,最快速度将信息传播出去。现场直播则是同步进行,事件现场、信息播发、受众接收三者同步。内容也具有普及性,通俗易懂,老少皆宜。

2. 电视传播的广泛性与参与性。电视的受众非常广泛,可以同时拥有无数收看者,而且不分年龄、身份,也不需要实名制,非常方便,因而具有非常广泛的参与性。互动性也非常强,现场参加节目,可以深度互动交流,如《星光大道》充分展示普通人的才艺风采;《中国诗词大会》不同人群、场内场外,都可以答题、对诗,展现自己的知识才学。

3. 电视传播的多样性与精准性。电视节目类型丰富多彩,有新闻类、文化综艺类、现场直播类、电视剧类、纪录片类,可以满足不同兴趣爱好的受众进行选择观看;同时又有针对特定群体的专项节目,如军事、经济、体育、少儿节目等,可以全方位展示电视的魅力,也可以全方位满足不同受众的需求。

五、电视与其他媒体的比较

1. 相对于报纸:电视与报纸相比,内容更丰富,电视节目形态比报纸有更多种类;形式更立体,报纸是平面的、静态的,电视是立体的、动态的、流动的;元素更多样,报纸只是用眼睛看的,电视既可以看,也可以听;传播更快捷,报纸最快是当天出版,电视则可以即时播放;接受更方便,识字才可看报,而不识字也可以看电视。总而言之,报纸作为大众传播媒介,是静态的,不立体形象,再快也不可能现场直播。报纸再讲求图文并茂,也不如电视形象立体直观。报纸再通俗易懂,也要认识字才能阅读。

2. 相对于广播:电视与广播相比,形态更立体。广播只有声音,单一流动,电视则既有画面又有声音,立体流动;内容更丰富,电视的节目形态、内涵、容量更丰富;广播有局限,表现无声的事物,比较有限制一些,表现抽象的事物,也比较吃力。总体而言,作为大众传播媒介,广播也快捷,制作也相对简单,成本低、周期短,接受方便,可以随时随地收听,随身随时携带;也可以现场直播,和报纸相比有声音传播优势。但是广播没有图像,不如电视直观、形象、生动。

3. 相对于网络:电视与网络相比,使用更方便,不用学电脑操作;画面更清晰,大屏幕高清;内容更权威可信,网络虽有海量信息,但有虚假和不健康的垃圾信息,电视相对比较规范、干净、严肃;普及面更广,电视机价格及有线电视费与电脑价格、上网费相比较低,受众拥有率高,使用面比较广。所以相比较而言,网络传播在内容的丰富、速度的快捷方面,胜过电视传播;但是在内容的可信性、严谨性、权威性上,网络不如电视,垃圾、虚假、黄色、暴力等有害信息比较多;在受众使用条件上,也不是所有人都能使用网络传播。计算机及上网的费用也比电视高,在设备的投资上,电视要更经济实惠一些,电视机在家庭的普及率远高于计算机。

所以,电视具有接受的方便性、内容的形象性、形态的多样性、载体的普及性等特点。

第二节　电视文化属性及文化特征

传播学家威尔伯·L.施拉姆把电视文化视为一种新型的公共传播方式。认为,电子传播技术为发展中国家提供了潜在的信息渠道,这些渠道可以通向多的难以置信的受众,可以冲破国家图书馆的栅栏,向平民百姓传播信息,可以通过示范表演,来教授复杂的技巧,可以在演讲时几乎得到面对面的传播效果。社会学家麦尔卡尔则将电视文化看成一种社会学意义上的社会生活现实。

一、电视本身具有文化属性

1. 电视呈现及传播的内容具有文化属性

传播弘扬人类优秀文化。《经典咏流传》《中国诗词大会》《朗读者》《中国地名大会》《中国好声音》等节目传播中国优秀文化。《京剧》《瓷》《故宫》等纪录片关注中国传统文化。电视节目的很多内容都是对古今文化的传承与弘扬。《中国书法大会》是由中央广播电视总台推出的大型文化节目。节目以中国书法经典作品为载体,通过书法爱好者的答题比拼和著名书法家的专业解读,展示中国书法艺术的源远流长和博大精深,领略中国书法艺术的丰富内涵和独特魅力,讲述中国书法文化的故事,彰显新时代中国人的"精、气、神",深入挖掘中国书法文化,全景展现源远流长的汉字发展史、博大精深的中国书法史。舞台设计结合中国人"天人合一"的思想,将整个现场置于 AR 技术延展的天地之间,中间穿插山水树木、四季花草、飞鸟鱼虫等自然元素,合力传达中国人的审美观、宇宙观、哲学观。这样就更容易带领电视机前的观众走进书法作品的精神世界。书法大会是一个以书会友、共同切磋中国文化的盛会,不争高下,各美其美,美美与共,和而不同。"足以极视听之娱,信可乐也。"是中国人文精神的一种体现。

2. 电视融合艺术与技术形成独特电视文化

电视文化是伴随电视产生发展形成的新型文化,是一种大众文化,是具有高度综合性的社会文化,也是传播广、发展快、影响大的文化。电视是艺术与技术融合的文化。比如《中国诗词大会》,既有古典诗词的传统文化之美,又有电视声光电特效的现代技术之美。《中国诗词大会》是中央广播电视总台联合教育部、国家语言文字工作委员会共同推出的语言文化类节目。紧紧围绕诗词如何观照当下生活、如何映射万千心灵、凝聚时代共识、鼓舞团结奋斗,展开创作。讲述大众"与诗词结缘"的真情故事,以诗词之美传承弘扬中华优秀传统文化,在生活中见气象,于平凡中见精神。节目秉持"思想＋艺术＋技术"的思路,运用 XR、VR 等科技手段突破时空界限,以诗词为媒,为观众打造中国优秀传统文化的沉浸式体验场。比如,围绕"唐代西域点心你好奇吗",主持人带领嘉宾"穿越"到唐朝时的新疆阿斯塔那,看西域的四个厨娘如何制作点心。真人现场复原《福贵岁朝图》,看清朝孩子们如何热闹过年。舞台实景搭建《清明上河图》,看北宋京畿繁华,点评嘉宾带领观众品尝汴京道地小吃。还有全场"穿越"到汉代天文学家张衡身边,与他一起"仰观宇宙之大"。节目的舞台上,基于古籍文献和数字技术打造的全息虚拟人物苏轼首次亮相。设计师按照模型文件,赋予数字人人物骨骼、表情系统,同时接入动

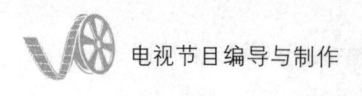

作捕捉系统,让苏轼动起来。

二、电视文化的特征

1. 大众性。电视是一种媒介,一种大众媒介,从这种意义上讲,电视文化具有大众文化属性。"传媒即信息",电视是社会公众政治信息的主要来源,是社会舆论形成的渠道之一。大众文化,是以大众传播媒介(机械媒介和电子媒介)为手段,按商品市场规律去运作、旨在使大量普通市民获得感性愉悦的日常文化形态。在这个意义上,流行音乐、电视剧、电影和广告等无疑属于大众文化。大众文化这一概念最早出现在西班牙哲学家奥特加·伊·加塞特《大众的反叛》一书中,主要指的是一地区、一社团、一个国家中新近涌现的,被大众所信奉和接受的文化。罗森贝格认为大众文化的不足之处是单调、平淡、庸俗,以及容易在富裕生活中产生的诱惑和孤独感。大众文化往往通过大众化媒体,如网络、电视、报纸等来传播和表现,尽管这种文化暂时克服了人们在现实中的茫然和孤独感以及生存的危机感,但它也很可能降低了人类文化的真正标准,从而在长远的历史中加深人们的异化。

2. 教育性。电视在传递信息过程中,具有一定的政治倾向性,因此,电视文化以传媒为主要形式,以宣传或传播为主要特征。电视通过内容传播,可以提高人民的思想、文化和科学素养,可以传承历史文化,弘扬中华优秀文化。

3. 审美性。作为一种文化艺术形态,电视节目具有审美功能。融思想性与艺术性为一体,寓教于乐,达到影响、鼓舞人心的作用。电视文化产业是精神文明建设的重要组成部分,能够从更大的范围,更多的层面提高全民的文化素养,推进整个民族的文明进程。在电视实践中,要正确处理好文化与意识形态的关系,既防止意识形态的泛化,又要防止用文化来代替意识形态。

思考题

1. 电视传播主要特点是什么？
2. 简述拉斯韦尔"三功能"说。
3. 简述电视文化的特征。

第二编
电视编导

电视编导在电视领域、电视业界,是一种岗位、一个职位,如同记者、主持人、编辑一样,负责不同的节目创作的某个环节。电视编导是指从现实生活中选取有价值的题材进行策划、采访、制定拍摄提纲、组织拍摄、编辑制作,并对作品进行把关检查的系统性创作活动的人。

第一章 电视编导概念及分类

第一节 电视编导的含义

一、电视编导

电视编导包括两个层面的含义：一是指电视编导这项工作，二是指从事电视编导工作的人。人们介绍说你是电视编导时，意思是第二个，即你是从事电视编导工作的人。

作为一项电视工作的编导是电视节目制作中最主要的核心工作，具体是指从现实生活中选取有价值的题材进行策划、采访、制定拍摄提纲、组织拍摄、编辑制作，最后对作品进行把关检查的系统性创作活动。顾名思义，电视编导是"编"和"导"的集合。电视编导在节目制作过程中具有策划、协调、编排的作用，也有指导、引导的功能。既"编"又"导"，集策划、编写、编排、编辑与组织、协调、指导、导演为一体，身兼数职，一专多能。作为从事编导工作的人，编导是典型的"多功能""复合型"创意人才。从事这项工作的人，应具备电视节目策划、创作、制作等方面的专业知识，具有较高的政治水平、理论修养和文艺鉴赏能力，了解影视数字化制作技术等网络技术。

1. 与电影导演的区别

导演是戏剧、电影等艺术创造工作中的一种职务。职责是根据戏剧或电影的剧本进行艺术构思,拟订艺术处理方案和导演计划,组织和指导排练或拍摄,经过演员和有关人员的创作实践,把剧本的内容体现为具体的舞台、银幕形象。电影导演根据电影剧本进行艺术创作,把剧本的内容体现为具体的银幕形象,达到预定的艺术效果。

从艺术创作的角度讲,导演作品需要依托一定的剧本才能展开,是把剧本的内容电影化、视听化;而电视编导的创作,则具有双重性,既是文本的创作者,又是对所选内容题材进行表达,即将其电视化。

电视编导从现实生活中选取有价值的题材进行策划、采访、制订拍摄提纲、组织拍摄、编辑制作,最后对作品进行总体把关。编导对社会负责。电影可以虚构、先锋、探索,但电视则不许造假。这决定了电视编导的创作活动必须贯穿作品创作的前后期全过程。

从工作情景角度讲,电影导演强调艺术创造,充分体现艺术个性,电视编导要为社会现实、为政治形势等时事服务。

从组织形式上讲,相同之处:电影导演与电视编导都处于艺术创作组织指挥者、统领者和命令发布者的地位,都决定着创作的方向和形式,并引领着创作集体,共同完成创作任务;不同之处:电视编导还必须是作品内容的提供者,要提供作品的主题、主导思想和内涵、深度。他的统领更为全面、彻底。

工作范围:导演比编导显得更为单纯,一般只需潜心于艺术创作,只负责解决艺术创作范畴内的问题,其他有关事项由制片等专人分管,各司其职;而电视编导则兼任制片等多项工作,除了艺术创作之外,还要与方方面面打交道,事无巨细都要亲自管。

可控程度:从创作尤其是拍摄的角度讲,电影导演具有很强的控制性;电视编导因其创作的真实性质所决定,在创作拍摄中不可控性很大。

时间要求方面,电影拍摄制作周期一般比较长,在完成时间上有一定的宽容度;电视作品大多数有固定播出的时间,制作周期较短,时间要求严格。

通过比较可以看出,电视编导的工作需要做到既"广"又"专",既

"快"又"好"。"广"指编导的电视节目,题材会涉及社会生活的各个方面;体裁又可能是新闻、纪录、专题甚至晚会或是电视剧;人事上不仅要领导好自己的摄制组,还得和社会各个方面打交道;经济上常常要自己理财,不仅会花钱,还得会筹集钱和回收钱。"专"则指既要懂得电视摄制的每一环节,懂得调配方方面面的人力物力,更要懂得所拍摄电视片的"题材"与"体裁"的艺术规律。"快"是说摄制的电视节目,不仅要讲求内容的时效性,制作也要讲求速度与效益,绝不能给播出"开天窗"。

2. 与电视记者的区别

电视编导是电视节目的核心创作者,要从现实生活中选取有价值的题材进行策划、采访、制定拍摄提纲、组织拍摄、编辑制作,最后对作品进行把关检查;记者则是从事镜头前的工作,主要职责是选择报道角度、采访角度、组织语言和客观地传达事件。记者是运用电视手段进行采访的专业人员。

(1) 工作性质和范围

记者要求具有现场采访、拍摄、写作、制作等多项基本功,具备正确的思想观念和社会活动能力,以及电视拍摄、镜头剪接的技术,写稿能力,现场语言组织能力,深入采访的作风和吃苦耐劳的精神。

编导是节目的核心所在;记者则是节目的引领者和实践者。电视编导是艺术和技术相结合的产物,一档好的电视节目需要编导具有深厚的文化底蕴和精湛的拍摄技术,编导主要是对社会中具有价值的事件进行一个大概了解,而记者则是对新闻事件进行详细客观地报道。记者侧重新闻,要求时间短,速度快。编导侧重专题等长篇幅作品的策划、采写、拍摄、制作等工作,相对比较复杂。

(2) 工作状态

记者一个人就可以完成任务,新闻现场可以独立拍摄。电视编导一般两个人一组,或一个团队,编导负责指挥协调。记者需要站在镜头前做事件的报道,要树立正确良好的公众形象,具有价值引导作用。编导要对节目的开端、高潮、结局进行一个整体节奏感的把握,

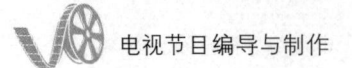

主要是通过文字进行编辑策划和构思,对节目的拍摄地点和事件进行定位和分析,从而构思画面的分镜头拍摄,通过画面来表达事件的前因后果。

(3) 完成时间

新闻记者当天完成报道,具有时效性和现场感。编导可以一个月,有的几年完成一部作品。比如《互联网时代》制作历时3年,《含泪活着》则历时14年。编导需要考虑的是在给观众带来大量信息的同时,让节目好看,这就需要编导在策划节目时考虑时间的安排和统筹,主要有交代事件背景、规划播出内容和总结性的报道。例如,在新闻联播推出《走基层百姓心声》系列栏目中,记者针对社会不同的群众随机采访,你幸福了吗?得到的是群众不同的心声和回答,答案多彩多样,有的有趣,有的让人哭笑不得,但在一定程度上反映出人民对现实生活的看法。这就是编导在有效的时间内反映大量的信息内容,在策划节目时对受众群体进行准确定位,从而迅速、及时地策划出节目流程,进行拍摄、编辑、写稿。

3. 与电视制片人的区别

制片人是发起、协调、监督和管理电影、电视节目、网络连续剧和商业视频等作品的创作和制作的人。制片人可为自寻投资方,或为受雇主制作公司或工作室的授权人。他们参与了从制作开始到完成的所有阶段,包括协调、监督和控制财务、人员、物品。

电视节目制片人一般是一个小的电视制作部门的行政负责人,负责部门栏目所有事务,是"部门大领导"。编导一般只是节目制作者,负责具体节目制作小组的指挥调配,把握生产进度和节目质量,是"节目大领导"。

电视节目制片人一般不再具体制作节目。而电视编导主要是做节目,属于节目生产者。

二、电视编导的工作任务

编导是集合"编"和"导"两方面工作的综合岗位,是电视节目创作和制作过程的核心,需要从始至终跟进电视节目作品制作过程。电视编导是一个系统性工作,工作任务也非常烦琐复杂。

(一)节目创作前期

在节目创作前期,电视编导需要开展多项工作,并且这些工作会影响节目制作质量。

1. 选题工作。电视编导需要对节目题材进行创作和选择。基于电视节目发展现状,电视节目选题原则包括:第一,具有时代性,弘扬正确的价值观;第二,符合观众的观看兴趣;第三,基于电视台的技术条件和资金状况开展;第四,考虑栏目定位,与节目总体基调保持一致。

2. 确定拍摄方案。构思和确定拍摄方案。在确定选题的基础上,对电视节目题材进行深度创作,确定电视节目的拍摄手法、表现形式和节目的整体结构,以及一些细节呈现等。

3. 拍摄准备。电视编导需要在拍摄前进行充分的准备工作,以保证后续拍摄工作能够正常开展。首先,需要和摄影组进行严格分工,保证分工明确,拍摄不出问题。其次,对拍摄现场环境进行了解和熟悉,确定拍摄机位和角度以及拍摄内容。最后,准备拍摄时要用的器械。

(二)节目拍摄中期

在拍摄和采访过程中,电视编导需要统筹安排电视节目的流程。第一,对外联系,落实拍摄地点和拍摄时间,避免因为行程冲突对电视节目拍摄造成影响。第二,要在拍摄现场进行现场调度,如果出现特殊问题,需要及时、有效地决断和处理。第三,电视编导身兼数职,需要灵活应对各种突发事件,协调处理与其他各岗位的关系,如处理好导演、主持、摄像的关系等。

(三)节目后期制作

后期制作关系到电视节目的整体质量,是一项非常重要的工作。电视编导需要在此阶段全程跟进,并且处理一些重要的决策任务。电视编导需要对编辑产生的文字稿进行审查、核定。尤其是一些电视新闻节目,需要审查新闻编辑的文字稿,避免一些原则性和常识性的错误。电视编导还要联系剪辑人员,向剪辑人员说明自己在创作这个节目时候的构思、剪辑的具体要求、剪辑侧重的内容、突出什么看点等。电视编导在剪辑人员成片以后,需要审核剪辑的内容,要确保作品符合自己的创作构想和节目要求。还要严格审查和把关电视节目中的字幕技术和特效,确保节目的制作质量。

三、电视编导的作用

电视编导工作是电视传播工作的一个重要组成部分,在整个节目制作过程中发挥不可替代的重要作用。

1. 节目生产者。电视编导对节目进行整体规划设计、统筹把握节奏和主题,为电视节目注入活力。尤其是在当下大型电视媒体集团竞争激烈、各方角逐白热化的背景下,电视节目编导如果能在节目创作中实现创新,创作出新颖好看的电视节目,无疑能为电视台的整体收视率带来很大的帮助。编导工作不可或缺,充足的编导队伍才可以确保节目、栏目、频道的正常运转。电视编导决定着电视节目作为人们精神食粮的质量优劣与水平高低。

2. 节目把关人。作为传播主体,电视编导在传播过程中负责搜集、整理、选择、处理、加工、传播信息,具有把关的作用,被称为"把关人"。电视节目应当具有观赏性和艺术性,最根本的是要具有正确的价值观、人生观。在创造社会价值的基础上,提升节目收视效益。尤其娱乐节目,更应当向观众传递正确的人生观和价值观,感受在节目中表达出的正能量。电视节目编导作为电视节目的创作人员,应当充分发挥电视节目的引导作用,引领电视节目健康发展。"把关人"概念,最早由美国著名心理学家、传播学先驱库尔特·卢因提出,他在一篇著名的论文《群体生活渠道》中最早提出这个概念,"所谓'把关人',就是对信息进行过滤和选择的人"。编导是电视节目第一把关人。

课后作业:关于传统文化符号"梅兰竹菊"的视觉化呈现。

1. 收集"梅兰竹菊"的文化典故、故事传说。

2. 写成文字稿本。要求故事性。

3. 视觉化呈现。要求观赏性。

4. 形式:文字、图片、短视频或动漫等。

第二节　电视编导分类

一、电视纪录片编导

电视纪录片是电视节目中最具人文含量的电视节目,对编导素质能力要求比较高。电视编导的才华也能得到很好的发挥和展现。电视纪录片以现实生活为题材和素材进行创作,运用非虚构的声画语言,对现实生活中的人物和事件进行比较系统完整的"描述和重建",给人以真实生活气息和审美享受。一般以栏目频道的形式存在。对应的电视栏目有《东方时空》《纪实》《纪事》《见证》等,频道有中央电视台军事频道、纪录频道、科教频道等,也以纪实作品形式存在,如纪录片《望长城》《舌尖上的中国》《大国崛起》《航拍中国》《了不起的匠人》《我在故宫修文物》《我和我的新时代》等。

(一)电视纪录片的基本特征

1. 真实性。与新闻及其他纪实类节目如专题片一样,真实是电视纪录片的生命。要求制作者在真实的基础或前提下,以真诚、科学、严谨的态度对待生活、对待创作。

2. 客观性。客观性是电视纪录片的本质属性,是节目内容与真实生活相一致的程度,是一种纪实风格、一种表现手法。

3. 人文性。纪录片大多关注人,关注人的命运和情感,关注人的本质力量和生存状态,人的生存方式和文化积淀,人的性格和命运,人和自然的关系,人对宇宙和世界的思维。纪录片不像专题片,专题片有直接的主题目标和宣传的功利性。电视纪录片的主题则趋向于更为深层、更为永恒的内容,从看似平常处取材,以原始形态的素材来架构片子,表现一些个人化的生活内容,达到一种蕴涵着人类具有通感的生存意识和生命感悟,如生与死、爱与恨、善与恶、同情与反感、生存与抗争、美与丑等,强调人文内涵、文化品质。

(二)电视纪录片的分类

电视纪录片的分类,没有固定的统一标准,依照题材与表现方法的不同,一般分为以下几类:

1. 时事报道片。指报道新近发生的新闻事件的纪录片,它的性质与新闻片相同。但报道的范围不限于一时一事,结构也比较完整。如纪录辛亥革命70周年纪念活动的《历史的纪念》,纪录中国女排比赛的《拼搏》等。

2. 历史文献纪录片。指再现过去时代的历史事件的纪录片。它所表现的人物和事件须准确反映历史的本来面目,不能违背历史的真实,不能用演员扮演。可以运用历史影片资料、历史照片、文物、遗迹或美术作品进行拍摄。影片应具有文献价值,如《辛亥风云》《抗美援朝保家卫国》《山河岁月》《八月桂花遍地香》等。

3. 传记纪录片。指记录人物生平或某一时期经历的纪录片。它与一般时事报道片或历史纪录片的区别在于以特定的人物为中心,不允许用演员扮演,也不可有虚构的情节和人物。如《诗人杜甫》《伟大的孙中山》《革命老人何香凝》见证初心和使命的"十一书"等。表现某一人物的某一侧面的人物肖像片、人物速写片等也属此类。

4. 人文地理片。指探索一定地区的自然状况,或介绍社会风俗、城乡风貌的纪录片。如《黄山奇观》《丝绸之路》《河西走廊》《话说长江》《话说运河》等。

5. 舞台纪录片。指记录舞台演出实况的纪录片。对舞台演出的歌舞、戏剧、曲艺等进行现场拍摄,可以根据需要对演出节目进行剪裁、删节,但对演出内容不能改编、增添,以区别于根据舞台节目改编的舞台艺术片。如《京剧》《民间歌舞》《友谊舞台》等。

6. 专题系列纪录片。指在统一的总题下分别推出或连续推出的纪录片。其中各部影片可以连续放映，也可以各自独立，如《如果国宝会说话》《航拍中国》《漫游世界》《紫禁城》《近代春秋》等。

（三）电视纪录片的叙事方式

1. 画面加解说式。这一叙事方式曾是我国纪录片的主导叙事方式，绝大多数纪录片都采用这种叙事方式，如《收租院》《雕刻家陈焕章》《丝绸之路》《话说长江》《话说运河》等。实际创作过程中，一般先有选题，主创人员根据选题写出文字稿本，领导审查通过后开始拍摄。后期编辑时，先根据文字稿配音，再根据配音剪辑画面。这种叙事方式非常重视解说词的创作，非常重视解说词的叙事说明作用，通过解说来表现内容的发展与推进。从创作观念上讲，这种叙事方式往往注重的是共性而不是个性，注重的是主题和结论而不是具体的事件和人物，创作者也往往把自己当作全知全能的代言人，而不是艺术工作者在表述自己的一家之言。这样的纪录片承载了过多的文化和社会内涵，如果处理不好就会抽象大于具体，空泛压倒细节，容易导致枯燥。

2. 采访加解说式。采访加解说式因为有了访谈的介入，既降低了解说的比重，在一定程度上也降低了纪录片的主观介入程度，可以向观众展现过去、现在和将来，从而扩展了纪录片的表现力。有的纪录片通篇用采访来贯穿，采访承担着整个纪录片的叙事作用，比如《忠贞》就大量运用采访段落，把志愿军战士被俘的过程，在美军集中营受到的残害，以及归国后的生活等展现给观众。在这部纪录片中，由于片子所反映的内容已过去，又没有可利用的音像资料，采访就成为唯一可利用的叙事手段。有的纪录片为了克服画面加解说式的弊端，结合背景因素和动态过程，把采访融进事件进程之中，共同承担叙事功能。比如大型纪录片《望长城》，为了考察长城的最西端，主持人焦建成对地理教师在长城上进行采访，增加现场感和历史感。在《三节草》中，为了解轱辘湖的解放过程，加入了对肖老太太的采访，增加真实性和可视性。

3. 旁观记录式。从 20 世纪 90 年代开始,纪实的创作观念开始兴起,纪录片创作也相应出现客观记录的叙事方式。不再使用大段大段的解说这种过强的主观形式,主张不干涉拍摄对象,做"墙上的苍蝇",冷静旁观发生的事情,保持生活的原生态,强调拍摄内容的客观性。这一叙事方式,对创作者提出了更高的要求。它要求创作者深入生活,切实体验生活,甚至把自己完全融入被摄者的生活,从中提炼细节、情节乃至故事。这种叙事方式是对纪录片记录本质属性的回归,也是纪录片创作追求的一种风格样式,如《龙脊》《最后的山神》《劫后》《归途列车》等。

(四) 纪录片作品制作要求

1. 充分前期调研。做好调查研究。任何制作精良的纪录片都是从做好调查研究开始。无论内容长短,有效的调查研究是任何纪录片的基础。调查研究能让你发现情节重点,建立叙事框架,雕琢故事主线,塑造主要人物,有助于更深入地发掘故事。

2. 抓住纪录片主题灵魂。在探究纪录片主题时,要深挖主题的灵魂所在,找到它的社会价值、思想价值、人文价值、历史价值,以及民族特色或地域特征等。这些都是纪录片的灵魂所在。比如获 2013 年凤凰视频纪录片大奖最佳纪录长片奖的《犴达罕》,导演顾桃就是通过与鄂温克族人的相处,发现了他们的民族特征,通过他们的生活习惯和传统捕猎习俗,描述了鄂温克族人豪迈而又无拘无束的性格特征。

3. 合理运用表现新手段。随着科技的进步和人们对审美的需求,纪录片也追求"好看"。运用 VR、AR、动画等手段。特别是对过去事情的"情景再现"手段。情景再现不是不能在纪录片中使用,而是要思考怎样去使用才能恰到好处,切忌为了情景再现而故意去扮演。如果偏离了社会背景,脱离了作品本身特点,就会显得画蛇添足或者苍白无力。而《中国》《字从遇见》《如果国宝会说话》等作品,用得恰到好处,则起到锦上添花的效果。

二、电视新闻类节目编导

电视新闻节目指以新闻材料为基础,加工制作而成的电视节目,新闻节目包括现场或预先录制的访问、专家的分析、民意调查结果、社论等内容。新闻联播是一种电视或广播新闻节目形式,由各电视台或广播电台同时联合播出的新闻节目。以信息量大为标志,时效性、广泛性、指向性是其主要特质。

(一) 电视新闻的种类

电视新闻是运用现代电子技术,通过电视屏幕,形象地向观众传递新闻信息的一种手段,既传播声音又传播图像。具体地讲,它是通过电视摄像、记者采访、镜头设计、拍摄、剪辑、写解说词、配音等环节来完成。它可以系统地、形象地报道事物发展的过程。电视新闻是电视各种新闻性内容和新闻报道形式的总称,是一般电视台节目的骨干和主体。

电视新闻专业性很强,主要类型有:会议式电视新闻、人物式电视新闻、电视口播新闻(包括只有文字的口播新闻、配有照片的口播新闻、配有资料的口播新闻)、电视新闻纪录片、电视实况转播、电视直播、电视广播大会、电视评论等。

(二) 电视新闻的特点

电视新闻具有报道性、纪录性、即时性,以及定期性(即把作品在固定的时间播出)。具体表现为:

1. 传播迅速。电视的传播可以实现即时同步,异地同步,虽然没有广播制作简便,但它的传播迅速程度仍不容忽视。

2. 形象生动。电视以图像、声音、文字等符号直接作用于听众的感知器官,在多数情况下,易为人们接受。

3. 视听语言立体综合。图、声、字是电视传播的三大元素。图像与文字作用于眼睛,语言、音乐、音响则作用于耳朵。电视新闻视听语言综合立体。

4. 传播内容丰富。电视节目内容包罗万象,兼容天下事,古今中外、历史现实、艺术科技、文化体育、生活服务等,所有能想到的事物,都可以在电视节目中看到。

5. 空间无远弗届。电视同样可以使真实的视听符码跨山越水,翻山渡河,到达想要到达的每一个地方。

(三)电视新闻遵循的原则

1. 真实性原则

构成新闻的基本要素,如时间、地点、人物、事件、原因、结果等,都必须真实。比如某时、某地发生地震的新闻,时间、地点、震级、伤亡情况等,必须真实。不能造假。

新闻所反映的事实的环境和条件、过程和细节、人物的语言甚至动作等,都必须真实。

新闻引用的各种资料,如数字、史料、背景材料等,都必须确切无误。

新闻中涉及的人物的思想认识和心理活动等,都必须是当事人自己所述。比如抗洪救灾的电视新闻报道,什么人在什么环境中说了什么话,必须是同期声现场采集,以增加新闻的真实感和现场感。

新闻语言表达要讲究分寸,留有余地,不可以用极端绝对的语言,尽量保持客观中立。

2. 思想性原则

思想性即指新闻报道的思想观点或政治倾向。任何新闻都不是没有观点的信息报道。传播有立场的信息是思想性得以实现的客观条件。习近平总书记在党的新闻舆论工作座谈会上要求,要"努力推出有思想、有温度、有品质的作品",这是党对新闻舆论工作提出的要求,体现了中国共产党人的马克思主义新闻观,指明了新闻舆论工作的前进方向。

抓关键问题是增强思想性的核心,应抓住的问题包括:① 党的方针政策贯彻执行过程中迫切需要解决的问题;② 广大群众普遍关心的问题。

（四）记者工作需要注意的环节

1. 政策学习。记者要完整、准确地学习领会马克思列宁主义、毛泽东思想和党中央政策、指示的精神实质。这样在新闻采写过程中，才能确保舆论导向正确。

2. 践行"四力"。深入实际，调查研究。记者要深入基层，深入生活。"四力"是指脚力、眼力、脑力、笔力。2018年在全国宣传思想工作会议上，习近平总书记指出，要"不断增强脚力、眼力、脑力、笔力，努力打造一支政治过硬、本领高强、求实创新、能打胜仗的宣传思想工作队伍"。脚下有泥土，笔下见真情，"脚力"是新闻报道的力量之源，也是记者工作的根基所在。练好"脚力"，才能行得远、走得快，践行群众路线、奔赴新闻现场，掌握来自基层和一线的鲜活素材，开展深入、生动的报道，阐释党的路线和方针。"眼力"就是要"看得见""看得准""看得深"。"脑力"是通过脑力加工，去粗取精、去伪存真。多动脑、勤思考，才能破解重点难点，推出精品力作，传播正确的新闻观、价值观、世界观。铁肩担道义，妙手著文章。"笔力"包括口头、笔头、镜头以及各类新媒体传输终端，记者要学会综合运用新闻传播的"十八般兵器"。

3. 问题意识。在新闻业务中树立问题意识，直面问题，不仅是对新闻真实性原则的坚持，也是新闻人的社会担当的体现。新闻人抓问题，要以推动事物发展，促进社会进步为宗旨，既不能无视问题，又不能将问题扩大化。对新闻人来说，具备问题意识，不仅是对义务的承担，更是一种能力的养成。问题意识，不仅是一种意识，而且是知行合一的自觉行动，需要在理论素养、思维方式、工作方法等方面磨炼锻打。要动脑筋、想办法，探寻事实真相、厘清问题脉络，给出解决思路和建议。问题意识，不是简单地等同于批评报道，而是在看到成就的同时，不掩饰不足。对媒体而言，更重要的是在发现问题的同时，寻找突破口，起到检测环境、舆论监督的作用。

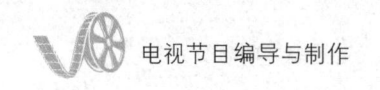

三、电视谈话类节目编导

电视谈话类节目根据内容来分,有严肃类、娱乐类等形式,也可以细分为人物性的、事件性的、话题性的、情感性的。电视访谈类节目在传播形式既定的基础上,要在传播内容、传播角度、节目流程等方面体现不同电视谈话节目的个性要求,主要体现在策划人员的策划水平上。电视谈话节目策划是一种丰富、复杂、综合性的活动。一个合格的电视策划人,应是具有丰富的理论素养、敏锐的判断力、较强的组织运作整合能力的人。

(一) 电视谈话类节目概念

电视谈话节目是由主持人邀请相关专业人士或受众,围绕公众普遍关注的话题,在平等民主气氛中展开讨论的一种电视节目形态。以面对面人际传播的方式,通过电视媒介再现或还原日常谈话状态,通常由主持人、嘉宾以及现场观众在演播现场围绕话题或个案展开即兴、双向、平等的交流,本质上属于大众传播活动。

(二) 电视谈话类节目分类

从谈话内容上,可以分为以下四类:

1. 新闻信息类。这类节目是对新闻节目的有力配合,话题覆盖面广,信息量大,新闻事件、新闻人物、社会热点、公共事务等都可以作为讨论交流的内容。嘉宾可以是政府官员、专家学者、媒体工作者和新闻当事人,他们往往能够发布第一手的、准确的信息和富于导向性的见解,满足观众对信息的需求。比较具有权威性、准确性和贴近性。谈话多在演播室进行,主要由主持人与嘉宾交谈,比如各地都有的《市民论坛》等节目。

2. 家庭情感类。这类节目的话题涉及普通百姓的家长里短、情感纠葛等方方面面,既有社会人际交往方面的困惑,也有家庭内部成员之间的调适;既有不同生活状态的展示,也有新旧道德伦理观念的碰撞。谈话基本上在演播室进行,现场观众是不可缺少的组成部分,谈话氛围比较轻松。贴近生活,贴近百姓,参与性强。比如以婚姻、家庭、爱情、友情、亲情为主题的情感类谈话节目。湖南卫视于 1998 年 7 月 16 日开办内地第一家以爱情为主题的谈话节目《玫瑰之约》，到 1999 年全国已有 20 多个同类节目，如北京电视台的《今晚我们相识》、上海东方台的《相约星期六》、海南电视台的《男女当婚》、陕西电视台的《好男好女》、河南电视台的《谁让你心动》、重庆电视台的《缘分天空》、湖北电视台的《今夜情缘》等，掀起了一股"玫瑰"旋风。这些节目中虽然穿插了一些嘉宾的才艺展示和幽默调侃等内容，但其主旨是探讨婚姻爱情、家庭情感、价值取向等。

3. 综艺娱乐类。以愉悦身心、休闲娱乐为主要目的。谈话为载体，加入较多的综艺成分和滑稽的情境设计，充分展现话语中的幽默，达到戏剧化的效果。嘉宾主要为演艺圈明星和体育界明星，主持人大都与他们有密切的联系，甚至就是圈内人，观众主要为年轻人。比如《超级访问》，巧妙地设置了游戏情境，通过大范围的外围资料采访和对明星语言的断章取义，凸现个性，制造悬念，实现主持人、明星嘉宾、场外嘉宾、现场观众的互动。

4. 专题对象类。针对特定观众群体或某一类社会内容而专门开设的谈话节目。对象性强，话题专一，有品位和内涵。常见的有女性谈话节目，以女性关注的婚姻、家庭、社会地位等话题为内容，如央视《半边天》周末版《谁来做客》；老年谈话节目，以"老有所养、老有所乐、老有所成"等老年话题为内容，如《相约夕阳红》；体育谈话节目，如《五环夜话》；经济谈话节目，如《对话》；法制谈话节目，如南京电视台《有请当事人》等等。

从谈话形式上，又可以分为以下四类：

1. 聊天式。主持人根据话题需要，邀请不同身份、不同职业的嘉宾到演播现场交流。嘉宾代表面广，真诚沟通，各抒己见。气氛宽松、亲切、自然，很多有意思的逸闻趣事，观点和理念，让每个人的想法碰撞出闪亮的火花，照亮前路更大的范围。比如央视的《聊天》、凤凰卫视《锵锵三人行》等。

2. 访谈式。类似于人物专访，主持人与嘉宾之间进行交流。不仅仅是提问和倾听，嘉宾人数不多，常常是一位，往往是某领域的专家、权威或某事件的当事人，谈论的话题也相对严肃，能反映一定的品位和内涵。如央视《艺术人生》、凤凰卫视的《鲁豫有约》、安徽卫视《记者档案》，通过主持人与重大事件的当事人、目击者的交流，揭示幕后的故事，反映时代的变迁和人物精神境界。

3. 论辩式。谈话各方的观点有重大分歧，在现场展开言语交锋，主持人以客观公允的态度引导他们充分陈述。适用于讨论社会上出现的新事物、新现象、新思潮，以及人际关系、民事纠纷等。江苏卫视的《超级辩辩辩》，把家庭、情感、人际纠纷的当事人和相关人请到现场，互相辩驳。由于矛盾冲突具有张力，现场富于戏剧性，比较吸引人观看。

4. 综合式。充分利用外景录像、三维动画、片花隔段等丰富的电视手段，吸取文艺、游戏、竞技等其他节目的成分，使谈话节目立体化，增强可视性。比较活泼、生动，适用于谈论轻松的生活、情感话题，如《杨澜访谈录》等。

（三）电视谈话类节目的特点

1. 注重访谈过程性

谈话类节目的纪实性表现在真切的现场感和参与性，现场嘉宾和观众是直接的参与者，他们身临其境，感受真切，整个节目是由嘉宾、观众和主持人共同完成的。谈话类节目所设计的话题都是热门话题，所要求的嘉宾都是名流、典型。他们在屏幕前用生动、具体、真实、可信的话语，讲述着自己的思想、经历和生活，宛如一幅丰富多彩的图画，赏心悦目。从心理学角度讲，情感是由大脑中潜意识形成，并在不知不觉中表现的一种态度。纪实性的谈话类节目使观众看到真实的人，真实的事，真实的情。在当今时代，"不盲从"已是大多数人的共同特点，观众对假、大、空的节目非常反感。纪实性的谈话类节目正是迎合了广大电视观众的需求，使他们真切地看到了毫无矫饰的人和事。各个阶层的观众都能从谈话节目中那些不同身份的人身上找到与自己心理诉求相呼应的位置，从心理上融入话题的拓展和谈话的过程中,对节目讨论的话题以及嘉宾和观众的发言进行思考。央视二套《对话》栏目采访世界首富比尔·盖茨便是精彩的一幕,观众不仅看到了一个真实的世界首富的风采,还从他讲述创建微软公司的经历中体味人生的真谛,这就是谈话类节目纪实性的魅力所在。《对话》是中国中央电视台财经频道高端品牌谈话节目,创立于2000年。自创办以来,上千期节目,数千位重量级嘉宾伴随着中国经济的发展。《对话》记录着中国经济从追赶世界到引领世界到逐渐被世界追赶的全过程。节目在企业家、政府等高端人群中一直备受高度关注,节目话题一度成为商政界人士的探讨交流的热门话题,并走进众多高校 MBA 课堂成为商业教科书。

2. 强调亲和力

谈话类节目的主持人以个性化的、本色的、真诚的主持特色,构筑起交流的平台和桥梁,以调动和激发嘉宾的最真实状态,这就需要主持人的亲和力。当今多媒体融合的时代是一个崇尚风格传播与个性传播的时代,只有那些个性鲜明,独具特色与亲和力的主持人,才能牵动观众的目光。中央二套《对话》栏目开办以来,收视率居高不下,很大程度上取绝于有个性的主持人风格。

主持人语言要深刻到位。谈话类节目是人与人的思想碰撞。要产生闪光的思想亮点,需要主持人用深刻睿智的语言作铺垫,激发嘉宾参与节目的热情和兴趣,拨动被采访者的心弦,让他们敞开心扉讲述自己的或成功、或坎坷的人生故事,给观众以启迪。

3. 形式多样化

随着社会个性化和民主化程度的提高,电视观众需要的不仅仅是单向度的、传统的传播形式,更需要多向度、多层次的传播形式。谈话类节目正是顺应了这一趋势,运用多元化的传播理念和表现手法,在精彩纷呈的电视节目中逐步占据重要位置。首先是传播理念上的多元化。过去,电视节目往往用一元化单向度的结论来代替多元化的互动交流,这种传播方式的专制性和排他性,影响了观众的主动性和积极性。21世纪以来的谈话类节目在时间、空间上都极具跳跃性，让人们在有限的时空中观赏到许多不同层面、不同知识领域的内容。其次是表现手法上的多元化。一些谈话类节目除了以演播室为主要谈话基地外，还采用了热线电话、外景镜头、资料片等方式，使整个节目有立体感，内容丰富、翔实耐看。比如《超级访问》栏目，采用"场外揭秘"的形式，在前期对嘉宾的亲朋好友进行秘密采访，全方位了解嘉宾，再在演播室现场通过主持人对嘉宾进行机智幽默的追问和语言交锋，当场揭嘉宾的"短"，设置主持人与嘉宾、场内与场外的戏剧冲突，让观众将有限空间拓展到无限领域，较大程度上满足了观众的好奇心，带领观众进入广阔的想象空间。

思考题

1. 什么是电视编导？电视编导与导演、记者、制片人的区别是什么？
2. 电视编导的作用有哪些？
3. 简述电视新闻类编导应具备的素养与能力。

第二章 电视编导思维及能力

编导是一个节目的主宰,编导在运用电视思维进行构思时,要有运筹帷幄、通观全局的思想,要有对全片整体把握和总体设计的能力,既要考虑到整体与局部的关系,又要协调各个局部之间的平衡,充分发挥电视语言各要素的优势,使各语言形态相互融合,形成视听一体化的有机整体。作为编导要不断创新,在创作过程中,起到一种决体把握的作用,只有编导不断学习,不断实践和思考,不断增强创新的意识和能力,才能赢得观众对节目的喜爱。

第一节 电视编导思维特点

一、电视编导的职业特征

1. 职业敏感性

所谓职业敏感,就是对社会生活中与自己职业相关的事物比较敏感,能及时发现和把握其内在关联,并对职业行为产生影响。作为电视节目的主创者,电视编导需要具有比较强的职业敏感,对社会生活善于观察,能敏锐发现有价值的题材,抓取鲜活的事件、现象和群众关注的热点、焦点问题,从而有益于创作观众喜欢的节目。

职业敏感性的养成主要有三方面:

形成专业定向注意的习惯;比较丰富的生活经验;广博深厚的文

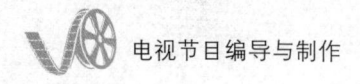

化知识修养。

2. 知识广博性

由于电视节目创作可能涉及生活的方方面面，所以广播电视编导在某种程度上应该是一个专才＋通才，要尽可能多接触、学习各种知识，提高艺术修养，发挥多方面知识互补互促的艺术通感作用，提高创作能力和水平。创作是一个微妙的思维过程，不同于一般的思维活动，是一种以想象力为中心的形象化思维过程，需要创造力去表达。

3. 电视业务综合性

电视语言本身的特性是声音、画面、文字等多种手段的综合运用，是一门综合艺术。电视编导需要具有综合思维能力和综合的艺术素养。电视作为传媒活动，需要策划、采访、拍摄、制作、传播等，各个环节复杂而精细，编导要有统筹协调能力和相关技术能力。编导是电视节目创作集体的核心，也是节目总设计、总指挥，这就要求编导要具有选材、策划、构思、组织采访拍摄活动的能力，还要了解和熟悉电视创作各个工序的专业特点、相关知识和技能。虽然不一定要样样精通，但一定要懂得一些基本要求。

4. 宏观与微观

编导是电视栏目、电视节目的主创者，又是把关人，在很大程度上决定着一个栏目或节目的播出质量和水平，所以他既要有对栏目、节目的宏观把握意识，又必须有对栏目、节目审慎、仔细的关注和检查。如镜头的使用、解说词与画面的配合、播音错漏、画面声音质量、剪辑主持人背景图像等，甚至字幕都要逐一核对把关。

二、电视编导思维的特点

1. 形象化。视觉化是电视的鲜明特点，编导要用形象化的视觉画面，阐释意义和内容价值。形象化还要吸引人是编导关注的问题，观点新、理念新、表现手法新，能够使作品脱颖而出。比如《经典永流传》《中国诗词大会》等节目的视点化呈现，具有创新性和影响时代特点。

2. 个性化。编导思维要力求与众不同,要有个性和鲜明特点,这样节目才能具有显著标识,才能具有吸引力和感染力。艺术来源于生活,电视节目必须紧扣现实生活,体现时代精神,满足社会要求。电视编导应掌握电视节目的社会性和时代性,满足观众的审美需求,推动电视节目创新发展。

3. 开放性。电视节目的封闭就意味着故步自封、画地为牢,而开放则能推陈出新、开拓发展。在电视节目的创新中不但要吸收国内外电视节目作品的精华,还要借鉴其他领域的优长,使电视节目能够展现新的生机与活力。比如大型文化音乐节目《经典咏流传》,将中华传统文化中最具代表性的诗词文化与电视媒介、网络平台有机结合,兼顾诗词文化的意境悠远和表现形式的通俗易懂。用"和诗以歌"的形式将传统诗词经典与现代流行相融合,在注重节目时代化表达的同时,也深度挖掘诗词背后的内涵,讲述文化知识、阐释人文价值。经典传唱人不仅有艺术名家,也有后起之秀,还有许多热爱生活的普通人,他们结合自身的音乐风格,将经典诗词转化为优美的歌曲,用现代的唱法和曲调来演绎传统经典。电视节目以开放性、包容性,用现代人喜闻乐见的形式,传承诗词文化,推动中华优秀传统文化创造性转化、创新性发展。

第二节 电视编导素质与要求

一、电视编导的思想素质

1. 社会责任感。大众媒体被称为"第四种权力"。大众媒体对社会具有特殊的作用和价值。媒体对社会的责任就是维护社会的健康与稳定,履行好党和政府的喉舌职能。作为媒体从业者的编导,应该具有强烈的社会责任感。在创作中提高宣传艺术,提高舆论引导能力，及时把握社会主流和时代需要，用优秀电视节目促进社会的文明进步。

2. 政策水平。要把握正确的舆论导向、为广大观众提供优秀的电视作品，编导必须有一定的政治头脑、政策理论水平和较高的思想素质、品德修养。自觉抵制拜金主义、历史虚无主义、极端个人主义等，传播正确的道德观、价值观和人生观。习近平总书记指出，每个时代都有每个时代的精神。文艺是铸造灵魂的工程，文艺工作者是灵魂的工程师。好的文艺作品就应该像蓝天上的阳光、春季里的清风一样，能够启迪思想、温润心灵、陶冶人生，能够扫除颓废萎靡之风。广大文艺工作者要高扬社会主义核心价值观的旗帜，把社会主义核心价值观生动活泼、活灵活现地体现在文艺创作之中，用栩栩如生的作品形象告诉人们什么是应该肯定和赞扬的，什么是必须反对和否定的，做到春风化雨、润物无声。要把爱国主义作为文艺创作的主旋律，引导人民树立和坚持正确的历史观、民族观、国家观、文化观，增强做中国人的骨气和底气。

3. 大局意识。电视编导要把握局部与大局的关系，形势意识与时机意识的关系。不可以只强调个人感觉，利用公众媒体发泄个人私愤。要顾全大局，引领社会主流价值与正确舆论导向。

二、电视编导的文化素质

1. 知识水平。电视节目内容涉及方方面面，无所不包。编导要具有较高的知识水平和学习能力，要了解政治、经济、文化、军事、自然、科学、历史、法律等方面的知识，这些对把握题材、提炼主题有帮助。

2. 文化修养。文化修养是指对文学、艺术、教育、科学等方面了解和运用的能力。包含对文化的认识、理解和感悟。电视文化是具有中介性的文化，是一种载体，各种文化在这里汇集，需要电视编导有深厚的底蕴和文化修养，才能创作有深度的电视作品。

3. 艺术感悟力。感悟力是指对生活的深刻理解和对新生事物的敏感。电视编导要有对生活的观察与感悟,要有能够透过现象看到本质的能力。电视作品不仅仅把内容、信息传播给受众,还要带给受众以美的享受、美的熏陶。编导要努力提高自己的艺术鉴赏力,灵活运用艺术原则充分发挥艺术想象,使作品内在美、外在美兼具;还要学一点受众心理学,提高作品的传播效果。

三、电视编导的业务能力

1. 电视业务能力。编导应具有比较深厚的理论知识。坚实系统的基础理论知识是形成高层次应用能力的基础。电视是一门综合性的艺术,编导要精通和善于运用镜头语言进行艺术表述,熟悉创作各环节,如策划、采访、摄像、撰稿、剪辑等。

2. 组织和社交能力。电视创作需要与社会、人、环境打交道。可能会遇到各种各样的人和事,要善于沟通,因势利导,设法化解矛盾,消除紧张心理,确保工作顺利进行。电视节目生产是一项集体创作活动,不但要有与外界各方有效沟通,还要具有组织协调能力,各工序协同工作。要不断地发现问题,解决问题。要能够当机立断、理性处事。

3. 吃苦能力。编导工作节奏快、压力大、经常出差、加班,生活不规律,工作环境比较危险等,需要具有强壮的体魄,也需要具有坚强的心理素质,更需要吃苦的精神品质。比如《舌尖上的中国》在拍摄过程中,编导们早出晚归,跋山涉水,在艰苦环境中拍摄,严寒酷暑都要经历。

四、电视编导的编导意识

意识是指人的头脑对于客观物质世界的反映,是感觉、思维等各种心理活动过程的总和。编导意识特指编导在进行节目创作过程中对所选素材的认识、分析、判断等能动的思维活动,直接影响节目的水平和效果,是编导人生观、价值观、创作理念的反映,在创作过程中起重要的作用。

1. 受众意识。受众是电视节目的传播对象,要以受众的需求为出发点,加以引导和适度满足。要了解受众的心理、文化、趣味、审美需求,要细分受众的差异与区别,有针对性地制作喜欢的节目。比如《星光大道》《中国诗词大会》《中国好声音》《中国书法大会》等,都是满足受众不同需求的精品节目。

2. 创新意识。创作本身包含创新,本身就是一种创造思维和精神活动。创新是节目必胜的法宝。内容创新如《中国诗词大会》;手法创新如《经典咏流传》,将古典诗词,谱成歌曲,二次创作,进行电视传播,连接古典与现代,沟通诗词与音乐,连接大屏与小屏。

3. 策划意识。策划是指谋划、筹划。凡事预则立,不预则废。电视编导在节目制作之前,要对节目的内容、形式、风格、受众定位等进行总体策划和筹划,找到创新点,有明确的目标和定位。编导的策划意识和能力,显得非常重要。比如《典籍里的中国》作为中央电视总台重点打造的文化类创新节目,聚焦中华优秀文化典籍,从中甄选最值得讲述的优秀传统文化经典,以"文化节目＋戏剧＋影视化"的方式,讲述典籍的成书、核心思想以及流转中的闪亮故事,让书写在典籍里的文字"活"起来,展现典籍里蕴含的中国智慧、中国精神和中国价值。总台台长慎海雄在《我们为什么要策划〈典籍里的中国〉》一文中说道,典籍是中华文化永不枯竭的源头活水,是永远给中华儿女以精神滋养、提醒我们不断进行精神反刍的范本。节目总编导左兴谈创作感受时说,接到这个任务,首先很珍惜,作为创作者,这是梦寐以求的珍贵题材。典籍如灯,可以照亮世人。但如何将中国五千多年来优秀的思想财富做成一档电视节目?用什么样的形式来介绍这些典籍?这是研发过程中团队首要解决的难点。创作团队开启了长时间的思考和摸索,这个过程大概长达 8 到 10 个月,才最终找到答案。他们的破题点是"一部书、一个人、一个大故事、一个核心思想",将典籍"人格化",将一部书和一个人牢牢绑在一起。沉淀的过程很艰难,也很漫长。接触一本典籍,他们需要重新研读,听专家讲课。创作期间,团队成箱地购书,并翻阅了各种相关研究、报道、论文、史料,不仅要了解人,还要了解当时的历史背景,涉及政治、经济、文化等等。以第一期《尚书》为例,从筹备到制作完成,近两年时间,才呈现给大家一期90分钟的节目。整个创作过程,体现出编导敏锐的策划意识和超强的策划执行能力。

4. 应变意识。虽然之前做过详尽的策划、实施方案,有明确的节目定位,但是也还是会遇到各种意想不到的情况,影响节目的推进和呈现,编导需要具备随机应变能力,随时调整方案,做出新的改变和选择。电视编导面对各种突发事件时,要处变不惊、冷静思考,沉着应对。

课后作业:分析大型文化综艺节目《中国诗词大会》《中国好声音》等的创新之处。

思考题

1. 电视编导的思维特点有哪些?
2. 简述电视编导的思想素质。
3. 简述电视编导的编导意识。

第三章 电视语言

语言是一种符号系统,是以语音为物质外壳,以语义为意义内容,用音义结合的词汇构筑语法组织规律的体系。语言也是一种社会现象,是人类最重要的交际工具,是进行思维和传递信息的工具,是人类保存认识成果的载体。语言具有稳固性和民族性。语言是表达思想感情的物质媒介。

第一节 语言的意义

语言意义是语言逻辑用语,指语言表达方式具有的意义。语言表达方式与语言形式即记号单位或音素的固定组合是不可分的。语言意义对应于由使用场景决定的表达方式的语用意义。当一个说者说出一个语言形式,他是促使他的听者对某种场景做出反应;这种场景及其对它的反应就是这个形式的语言意义。

一、词汇意义

字词句都有一定的含义,是对客观物体的概括。比如山,指那个高大坚实的物体;水,指那个柔软流动的物体。词汇意义的种类,从不同的角度可分出不同的类别。从起源或发生的观点着眼,可分为本义与变义、词源义与现行义;从词的各个意义之间的语义关系着眼,可分为直接义与转移义、具体义与抽象义、中心义与边缘义;从词的各个意义之间的层次着眼,可分为表层义与深层义。由于分类角度不同,一个词的词汇意义类型可能是重合或交叉的。

二、语法意义

字词按照一定的规律组成句子。语法意义就是语法单位在组合和聚合中所产生的各种关系意义,是词进入语法组合之后由语法结构所赋予的词义之外的意义。由语法形式表示的反映词语的组合方式、组合功能、表述功能等高度抽象的意义。如主谓关系、动宾关系等是反映组合方式的,名词、动词等是反映词语的组合功能的,陈述、疑问等是反映词语的表述功能的。比如我爱你,三个字,可以有不同的组合方式。我爱你、你爱我、爱你我。三种方式,三个含义。

语法意义是从各种具体词语的意义和用法中进一步抽象出来的高度抽象的意义。具体词语的语汇意义虽然也是抽象的,但是,语汇意义是从词语所指事物现象中抽象出来的,而语法意义则是从各个词语的意义和用法中进一步抽象出来的。如"树""人"的语汇意义是从各种树木、各种人中抽象出来的,这两个词语汇意义各不相同,但是,它们有相同用法,都是名词,都表示事物,这种更为抽象的意义就是语法意义。

三、表情意义

表情词语是指对客观事物带有主观态度、感情的词语。表情词语可分为纯粹的表情词语与非纯粹的表情词语。前者仅仅用于表情,并不指称什么,例如"呵""哦"等感叹词与语气词;后者则是在表示理性意义的同时蕴含了某种感情色彩,如形容词"慈祥""俊秀""自豪"等,具有肯定赞许的感情色彩;而"丑陋""肮脏""粗野"等,含有憎恶厌烦的感情色彩。一些名词、量词、代词也可以体现出一定的感情色彩,如"一位客人",与"一个客人"相比,量词"位",显然带有尊敬、礼貌的意味;又如代词"您"也比"你"多一层尊敬的色彩。习惯上将表情词语分为褒义与贬义两大类,没有明显固定色彩的被称为中

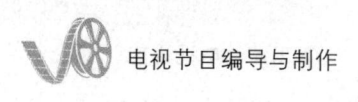

性词。

词语本身具有感情意义。不同语气,会有不同情感的表达。比如,以下几种语气分别表达出不同的含义。

他是作家。表示一种客观的介绍。平静、客观,不带偏颇。

他是作家?表示一种怀疑。

他是作家!表示一种肯定或赞许。

他是作家?!表示一种疑惑或不可思议。

四、修辞意义

词语修辞,指利用词汇手段取得积极的表达效果,又叫词汇修辞。词的构成、词义及其变化、各种词汇成分都可以作为表达手段,给修辞提供选择与安排词语的基础,增强语言的表现力。它着眼于词语的选择和搭配,也就是要对所使用的词语加以选择和锤炼。比喻、借代、比拟、夸张、双关、通感、仿词、婉曲等,都是从词语选择的角度进行修辞的。美化语言,使表达更形象、有趣,富有节奏感等。比如形容一个人漂亮,用"她很美",比较笼统抽象;如果用比喻,说"她面如桃花",就形象生动多了。

五、象征意义

象征是人类文化的一种信息传递方式,它通过采取类比联想的思维方式,以某些客观存在或想象中的外在事物以及其他可感知到的东西,来反映特定社会人们的观念意识、心理状态、抽象概念和各种社会文化现象。象征是借助某一具体事物外在特征,寄寓艺术家某种深邃的思想,或表达某种富有特殊意义的艺术手法。象征的本体意义和象征意义之间本没有必然的联系,但通过艺术家对本体事物特征的突出描绘,会使艺术欣赏者产生由此及彼的联想,从而领悟到艺术家所要表达的含义。根据传统习惯和一定的社会习俗,选择人们熟知的象征物作为本体,也可表达一种特定的意蕴。如红色象征喜庆、白色象征纯洁、乌鸦象征厄运、鸽子象征和平、鸳鸯象征爱情、月亮象征团圆、荷花象征高洁等等。运用象征手法,可使抽象概念具体化、形象化,可使复杂深刻的事理浅显化、简单化,还可以延伸描写的内蕴、创造一种艺术意境,以引起人们的联想,增强作品的表现力和艺术效果。

第二节　电视语言系统

电视语言是利用光电或数字技术等高科技手段,以声音画面结合的方式,作用于观众视觉和听觉,多层次多因素的艺术形式。所谓多因素,是指电视语言是由多种艺术因素和多种技术表现手段共同构成的复杂结构。电视语言的构成因素包括画面、音乐、解说、字幕、同期声等,这些手段在电视节目中共时态发挥作用,分别承担不同任务,共同构成电视语言的表述系统。所以电视语言是一个立体流动的系统,电视语言是由画面语言、声音语言、文字语言,三种语言形态构成的一种立体交叉式的语言系统。

一、画面语言

画面语言是电视艺术的本体语言,是电视艺术最重要的语言元素。所谓电视画面语言即构成屏幕视觉形象的各种元素及其组合方式。一个电视画面包括其中的前景、背景、主体、光影等。画面语言又包括构图、光线、色彩、影调等。

电视画面是电视造型语言的基本元素之一,是组成电视节目的基本单位。具体表现为一段连续放映的电视屏幕形象,由一台电视摄像机在一次开关机过程中连续的、不间断拍摄而成,是电视摄像工作的成果体现。电视画面是电视节目结构、连接的载体和主干,它既是表现的内容,同时也是表现的形式。

1. 电视画面的特征

纪实性。电视摄像机是一种电子设备,通过光电转换实现图像的记录和存储。摄像机面对客观对象进行拍摄时真实逼真地还原影像,全方位地记录下客观的事物和场景。

视听性。从本体意义上讲,电视画面是视听一体。画面及附载其上的同期声、现场环境音响等,特别是在新闻纪实性节目的拍摄过程中,是不可分割的共同体。

时空性。电视画面既是视、听同步的,又是时、空一体的。电视画面不仅能再现客观现实的空间感和立体感,而且还能够再现物体运动的速度感和节奏感,它不仅是空间艺术,同时也是时间艺术。

运动性。电视画面是在一定时空中展示的动态过程,电视画面的运动性是区别于摄影图片静态性的主要特征之一。电视画面的运动性主要体现在由于拍摄对象的运动、摄像机的运动和画面组接叙事而产生的动态过程。

关联性。画面和画面的连接可以叙述故事。每个电视画面都具有其自身的表现意义,构成特定的画面语汇,但电视画面自身意义的再现不是孤立的、静止的,它必须体现在画面之间的联系和相互关系之中。因此,具体到每个特定画面,除其个体表现意义外,还必须具有承上启下的作用,能够从画面之间关系的变化、组合中产生出大于画面简单相加的整体意义。而且,某些画面意义的深化和强化,要依赖于相关画面的铺垫,依赖于画面之间的相互联系和意义关系。

2. 电视画面与电视镜头

电视画面,是从电影画面借用来的。画面这个词,本是绘画艺术用语,一幅画称一个画面。因为电影最初是无声片,它和绘画有许多相近之处。比如都是平面艺术,都是通过二维平面(长、宽)再现三维空间幻觉的视觉艺术。人们习惯于把一个电影镜头叫作一个电影画面。电影是动的艺术,不仅是空间艺术,也是时间艺术。不仅能表现运动、空间变化,而且能表现时间变化,因此,电影画面具有时空运动特性。最初的电影从绘画中借鉴很多技法,所以早期电影有"活动绘画"之称。

电视画面是指在特定的时间内,用固定的或运动的方式,用一台摄录机或其他手段不间断地摄录或制作出来的,具有承上启下关系的一个片段。从编辑角度来讲,是指两个编辑点(出点和入点)之间的一段片段。电视画面和电视镜头是可以通用的,是一个对象的两种称呼,因场合不同各有选择。比如在导演部门和制片部门称为镜头而不称画面,在摄影、摄像部门经常称为画面。一个书面语,一个口语。

3. 电视画面与电视画幅

画幅也就是人们常说的像帧,简称为帧。电视画面是由画帧组成的,它是组成画面的物质形式。电视的帧频是每秒 25 帧。每个画面都由一定时间组成,也就是由若干个画幅组成。画幅是静止的,每一画帧只停 1/25 秒,画面则是运动的,除了用固定摄影方式拍摄静物以外,每个画幅的图像都会有所区别。

4. 电视画面的作用

(1) 叙述故事。电视的叙事功能就是用画面的连接来讲故事。依靠画面和画面之间的前后关系、因果关系等进行连接,叙述事件发生发展的过程。

(2) 塑造形象。电视画面在屏幕上表现的形象是具体的、可视的,是通过直观的画面作为传递信息的中介和符码来叙述情节、阐述主题、表达思想。塑造形象,即在屏幕上提炼、表现好的视觉形象,是电视摄像的重要任务,也是电视画面的重要作用。

(3) 抒发情感。电视画面主要通过艺术意象的呈现、人物细节的描绘、画面色调的营造等手段来完成抒情功能。比如纪录片《彼岸的青春》,用纪实画面抒发身在异国他乡奋斗的年轻人,一无所有,举目无亲,胸中的理想,脚下的路,只有自己一个人扛着往前走。纪录片《圆明园》则用动画情景再现,复原曾经的圆明园的整体面貌,令人震撼感动!

5. 电视摄像师的素质要求

(1) 吃苦意识。电视摄像师对工作需要付出的艰辛和劳累,要有充分的心理准备和承受能力。

(2) 抢位意识。能否抢占最有利的位置,选取最佳拍摄角度是衡量一个电视记者或摄像师新闻敏感性和电视镜头意识的重要标志。尤其是在众多媒体竞争日益激烈的今天,对同一新闻事件现场的拍摄是反映一个电视记者的独特观察力的重要标准。

(3)编辑意识。无论电视新闻,还是电视专题,都是剪辑的艺术。画面是电视节目的基本元素,合理组接才能构成有机的画面"语言"。如果电视摄像在拍摄时不考虑或根本不懂基本的编辑原则要求,那么所拍摄的画面可能是多而无用的杂乱"废品"。一个好的电视摄像所拍摄的东西,应该是对编导创作构想的拓展和丰富。

(4)审美意识。电视作品只有给观众以美的享受才能起到寓教于乐的宣传效果。好的电视摄像有责任把具有审美价值的电视画面奉献给电视观众。比如纪录片《乡村里的中国》,2013年导演焦波带领一支平均年龄只有21岁的年轻队伍,来到离他老家仅一山之隔的山东淄博沂源县杓峪村,进行为期373天的驻村拍摄,完成了纪录片《乡村里的中国》。《乡村里的中国》构图精准、人物丰满,具有纪实美、真实美、自然美。采用"直接电影"的拍摄理念,不介入、不采访,把对生活的干扰降到最低。以山区山村为拍摄场景,以四季变化为时间轴线,以四户家庭的喜怒悲欢为横线,立体生动呈现当下中国农村的生活图景。《乡村里的中国》获第15届中国电影华表奖纪录片大奖、第十九届中国电视纪录片评选年度作品大奖及最佳音效奖、上海电影节白玉兰最佳中国纪录片奖、广州国际纪录片节最佳纪录长片一等奖、第三届中国纪录片学院奖评委会大奖等十七项大奖。

二、声音语言

电视的声音语言是指在电视屏幕上能够表情达意的一切声音形态,如人声、音乐、音响等,总称为电视声音语言。电视艺术,又被称为"声画艺术"。画面语言是电视艺术的本体语言,声音语言在电视艺术创作中也具有不可或缺的作用。纵观综合艺术发展的历史,戏剧艺术经历了"从表演到对白"的发展;电影艺术经历了"从无声到有声"的历程。电视艺术得益于技术的进步,得天独厚地少走了许多弯路,一起步便直接步入"声画合一"的艺术时代,成为较为成熟的艺术样式。声音语言是电视语言的重要组成部分,声音语言包括主持人声、人物采访同期声、音乐、音响、环境同期声等。

声音的自然属性:一切声音都有音强、音高、音色这三个感觉特性。音强指声音的大小,由声波的物理特性振幅,即振动的大小所决定。音高指声音的高低,由声波的频率,即每秒振动次数决定。混合音的复合程序与组成形式构成声音的质量特征,称音色。音色是人能够区分发自不同声源的同一个音高的主要依据,如男声、女声、老人、儿童、钢琴、提琴、古琴等表演同一个曲调,听起来各不相同。

声音的美学属性:声音具有符号意义。有的声音代表喜庆,有的则代表悲伤,有的声音是悠远深邃的,有的则是轻松欢快的。这就是声音的美学属性。影视创作者需要根据作品的内容和风格,选择适当的声音语言。

三、电视声音语言的种类

(一)人声

1. 主持人声音。电视节目主持人是电视节目传播过程中,传播者与接受者之间进行联系的"人物化"桥梁,即在电视节目特定时间、空间或事件过程中进行工作的"非角色"表演者。电视节目主持人大体可分作两类:一类是集采、编、播于一身,既是节目主持人,又是节目制作者;一类是只以出场主持节目为主,完全不做采编、撰稿等工作,只是念别人写的稿子。

2. 解说词声音。解说词是对电视画面内容的文字解释和说明。解说词声音属于画外声音,介绍、解释画面内容,阐述影片创作者思想观点的表达方式。电视解说词是电视语言的主要构成因素之一,是电视节目制作中一种重要的创作手段和表现因素。解说词是对电视节目中部分有声语言约定俗成的叫法。准确地说,电视解说词写作并不是一种文学写作,而是一种结构处理和安排。它和电视这种特殊的语言结构紧密相关。突破画框限制,发挥叙述、说明、评论、抒情等作用。

3. 电视同期声。属于被采访者、被拍摄者的同步声音,具有现场性、实证性。同期声是在拍摄画面的同时,录下的现场声或采访声,声源为画面内物体或人物。可分为现场环境声、人物采访声等,作用在于增强真实性、信息量和感染力。

4. 画外音。画外音是指影视作品中声音的画外运用,即不是画面中人或物体直接发出的声音,而是来自画面外的声音。旁白、独白、对白、解说是画外音的主要形式。

(1) 旁白:旁白是从画外传来的人声语言,包括第一人称自述、第三人称议论评说。一般分为客观性叙述和主观性自述两种。前者是影片创作者借助故事叙述者,以客观角度对影片背景、人物、事件直接进行议论或抒发感情;后者是影片中某一人物一般为影片主角的自述,以主观角度追溯往事、叙述所忆所思或所见所闻。可以节约场次,突出主题。

(2) 独白:是画面中人物的心理活动的语言表述,是揭示人物内心世界的重要手段。内心独白是主人公独自表述或倾吐内心活动的人声语言,是人物在画面中对自己内心活动的自我表述。可分为自言自语和对他人述说。《爱情麻辣烫》每段都有主人公自言自语的内心独白。

(3) 对白:是画面中人物之间的对话,是刻画人物、传递信息、推动情节的重要手段。《爱情麻辣烫》中女主人公说:"明天我过生日,你送什么礼物给我?"下一个镜头就是在商场买礼物。回家后说"陪我玩一会",紧接着就是精彩的玩游戏的情节。

(二) 音乐

影视音乐是指为影视作品而存在的音乐。它不是纯音乐,又不等同于依附影视的音乐。影视音乐的构成主要包括主题音乐、背景音乐、叙事性音乐、情绪音乐、节奏气氛音乐以及时空过渡的连续音乐等等。

当代影视音乐已经由"乐配影视"变为"影视配乐",二者呈现"并行关系"。好的影视音乐可以独立存在,比如流行一时的歌曲《长江之歌》,是为纪录片《话说长江》写的主题曲,结果更多人记住了这首歌,而忽视了它是一首影视配乐。好的影视歌曲数不胜数,比如电视剧《渴望》的主题曲《好人一生平安》,电视剧《北京人在纽约》的主题曲《千万次的问》,都风靡一时,也都脍炙人口。影视音乐不再是一种寄生物,影视音乐可以让影片飞翔。音乐的介入,使影视作品更加丰满,具有更强的艺术感染力。

(三) 音响

影视音响是一种特殊的语言,它是语言和音乐之外视听语言中所有声音的总称。音响有广义和狭义之分。广义上讲,音响泛指声音,包括一切声音,它是物质运动的形式之一;狭义上讲,指物体在运动中产生的、传播的、并为人们听觉器官所接受的声音波,属于物理学研究的范畴,主要指语言、音乐以外的一切声音。

音响是客观存在的物理现象,是视听艺术的唯一的物质构成材料,是视听艺术赖以存在的创作材料和元素,是思想与感情的外部表现,是富有艺术生命力和艺术感染力的物质媒介。影视音响可包含自然音响和模拟音响。

四、文字语言

视听语言是利用视觉和听觉的双重刺激向观众传播信息的一种感性语言,是影视作品利用声画组合来表达内容、情感以及传达意义的方法及艺术手段。文字语言是作者在创作中完成审美创造、塑造形象所使用的语言。文字透过概念,与相应事物建立联系,具有唤起表象的功能。

电视的文字语言,主要包括分镜头稿本、拍摄提纲、解说词、字幕。

(一) 分镜头稿本

分镜头稿本是电视节目拍摄制作的蓝图和依据,是对文字材料应用影视画面语言进行再创作的过程。构思分镜头要从整体到镜头，逐一构思。构思整体结构，调整段落。写分镜头稿本时，不一定完全按文字稿本的顺序写，主要是需要把文字内容写成"镜头"，根据电视手法的表现方式，对整体结构和段落做适当调整。参照文字稿本逐一考虑每一段落应该采用的镜头组，以及镜头组之间的联系，通过一个个镜头组去构成一个段落，表现一个内容。

在艺术形式上，分镜头稿本的编写要从"形、声、光、色、乐"五个方面着手。形，指画面内容的形象。形象要生动、新颖、动态谐调、造型优美、立体感强、质感强。声，指解说和音响效果。解说要精炼、流畅，用词准确、优美，并且易于上口，娓娓动听。光，指光线，指光的各种效果。光是电视和电影这类摄影艺术形式中特有的组成部分。逆光、光晕、光环、光的造型、光的变化、光的影调和光的透视都给观众以极其动人的艺术享受，编导在构思时要把光的效果考虑进去。色，指色彩。色彩不仅在色相上能准确地表现出对象的属性，还能在色调、色度和色性上造成吸引人的艺术效果。电视纪录片的分镜头脚本则要把镜头的内容、拍摄的方式、拍摄的角度、声音等要素写进去。乐，指音乐。编导在编写分镜头稿本时就要从主题、内容形式上考虑音乐的使用。用或不用，怎样用，用什么音乐，都要从整体艺术效果上全盘考虑。音乐的适当选用可以增强作品的艺术感染力。

《乡村里的中国》分镜头·寒露节气片段

镜号	景别	时长	运动	角度	画面内容	声音	备注
1	大远景	4s	固定	平拍	日出的村庄	环境音	村民收苹果桥段的开始
2	全景	19s	固定	平拍	村民推着收苹果的筐子走在乡间小路上	广播声 村主任：前段时间，咱村里有被小偷盗了门的，据主家反映，丢失了部分现金，每年都发生这种情况	

(续表)

镜号	景别	时长	运动	角度	画面内容	声音	备注
3	中景	7s	固定	平拍	村主任手握麦克风用广播发布通知	村主任讲话声 这时候在大忙季节,大家都在坡里弄苹果,每个人的现金必须都存在银行里	
4	特写	4s	固定	仰拍	村里的广播	广播声 村主任:到十七号,咱镇上有个苹果节	
5	全景	3s	固定	平拍	村民开电动三轮车运输苹果	广播声+发动机声 村主任:我们的老少爷们把自己的苹果拿出去	
6	中景	2s	固定	平拍	张兆珍采摘苹果	广播讲话声	
7	中景	3s	固定	俯拍	杜深忠采摘苹果	村主任:也展示展示,也给我们村的苹果争个光	
8	全景	2s	固定	平拍	村民采摘苹果	广播里《最炫民族风》音乐声	
9	全景	3s	固定	平拍	杜洪法采摘苹果	广播里《最炫民族风》音乐声	
10	中景	2s	固定	平拍	村主任采摘苹果	广播里《最炫民族风》音乐声	
11	全景	2s	固定	平拍	夫妻二人整理苹果	广播里《最炫民族风》音乐声	

(二) 拍摄提纲

拍摄提纲是为拍摄一部影片或某些场面而制订的拍摄要点。根据分镜头稿本,制订详细的拍摄计划,包括时间进度、演员调度、每天拍摄的场景和镜头。是编导现场指挥拍摄的依据和稿本。反映出场景的安排、机器的角度、演员的表演等详细内容。纪录片编导去现场前,根据摄录事件的意义将预期拍摄的要点写成拍摄提纲;故事片拍摄时,当某些场景难以预先分镜头时,导演与摄影师抓住拍摄要点共同制订拍摄提纲,在拍摄现场做灵活处理。

拍摄提纲一般包括四个部分：一是对选题的阐述。进一步明确节目的选题意义、主题立意和创作的主要方向，为创作人员确定一个明确的创作目标。二是对视角的阐述。视角就是作者表现事物的角度。好的视角能让人耳目一新。体现视角的首要问题就是作品的切入点。三是对作品体裁形式的阐述。不同的体裁有不同的创作要求、创作手法、表现技巧和选材标准。四是对作品风格、画面、节奏的阐述，如轻快与沉重，色调、影调、构图、用光，外部节奏与内部节奏等。

短视频拍摄提纲案例图示

故事	地点	内容大纲	配音稿	备注
场景一	家	家里收拾东西准备回国，收拾书本画册，无意中发现两人的相册。	无	
场景二	家	拿开相册上的信物，端起相册慢慢坐下来，轻轻捋捋头发放在耳根，指尖慢慢滑过画册，看着走过的时光，露出幸福的微笑，男主教女主说法语，女主教男主弹钢琴。	这一刻，有太多的思绪需要整理，时钟滴答滴答的转动，两个齿轮总在对的时间遇到对的卡扣，丝毫不差，在那么懵懂的岁月遇见你，从此就开始一段充满了温馨浪漫的路途。	可快印5~8关于你们一起玩耍、旅行值得纪念的照片，一个故事1~2张就可以
场景三	机场外景家学校	从机场拉着行李箱、背着背包出来，往昔的镜头（家里温馨画面、开车去旅行的镜头、路灯或夕阳下的拥抱），后面的故事情节画面均可。	此时此刻回忆如同电影片段不断开始播放，往日的种种清晰可见，我们相识于偶然，每一次的交集都是我们人生最美的画卷。	
场景四	外景	朋友聚会/外景男主微笑低头休闲的状态	第一次见面	【温文尔雅成熟稳重】
场景五	外景	男主悄悄握住女主手，两人都不好意思地用余光偷看对方（脸红，心跳加快的感觉）	第一次牵手	【清楚地听得到对方的心跳】
场景六	家	男主家里折玫瑰；女主家里捧着玫瑰，开心笑（可叠画赠玫瑰场景）	第一次收到他的礼物	【亲手折的玫瑰】

(续表)

故事	地点	内容大纲	配音稿	备注
场景七	家	男方细心准备大餐(烛光晚餐),两人共同享受	第一次吃他做的法国大餐	【温馨浪漫】

(三) 解说词

电视解说词是电视语言的主要构成要素之一,是电视节目制作中一种重要的创作手段和表现因素。解说词是对电视节目中部分有声语言约定俗成的叫法。

广义的解说词是指口头解释、说明事物的文体。一般事先拟好文稿,通过对事物的描述、渲染,感染观众或听众,使其了解事物的实情、状态和意义,以求收到好的传播效果。解说词分为电影解说词、电视解说词、文物古迹解说词、专题展览解说词、幻灯解说词、导游解说词等。帮助观众在观看实物和形象的过程中加深感受,发挥视觉作用的同时发挥听觉作用。

电视解说词是从客观叙述角度,对画面内容的一种补充叙述或评论,包括画面、同期声以外的所有信息,可以增加信息量、提升主题。其目的是向观众做进一步的说明解释,帮助他们加深对画面内容的理解,增强画面形象的感染力。

电视解说词不是一种可以独立存在的有逻辑的文字作品,它必须配合画面才能发挥作用,因此要求紧扣画面内容,行文的长短,播读的节奏有严格限制,要求同画面有机结合。在内容方面,不能重复画面内容,而重在交代画面的背景材料,补充画面上所缺少的事实、知识、资料,从而扩大画面的表达能力,触发读者的联想,升华主题。

解说词有两种存在方式:一种是文稿加声音,如纪录片《苏园六记》《圆明园》《大国崛起》《航拍中国》等。一种是无文稿和声音,以字幕形式代替,如纪录片《海路十八里》《英与白》等。

1. 解说词的功能

(1) 叙事功能。解说词可以用来叙事,讲述故事,推动情节。比如《航拍中国》开头解说词,具有统领全篇,推动内容发展的作用。你见过什么样的中国？是960万平方公里的辽阔，还是300万平方公里的澎湃？是四季轮转的天地，还是冰与火演奏的乐章？像鸟儿一样离开地面，冲上云霄，结果超乎你的想象。前往平时无法到达的地方，看见专属于高空的奇观。俯瞰这片朝夕相处的大地，再熟悉的景象也变了一副模样。从身边的世界到远方的家园，从自然地理到人文历史，50分钟的空中旅程，前所未有的极致体验，从现在开始和我们一起天际遨游。

（2）结构功能。解说词可以用来架构作品，谋篇布局。《航拍中国》用解说词，带出下一站要介绍的内容，用解说词结构作品，串接前后段落。比如第一季第一集《新疆》中写道，接下来的旅程将前往新疆最湿润的伊犁河谷，这座花园将改变你对新疆干旱之地的印象。一路向北，大西洋的水汽在盆地边缘聚集成一滴最美的眼泪。

沿着阿尔泰山飞行，我们将去采集人与自然的故事；飞上雪山体验滑雪起源的灵感；从空中一探传说中水怪生活的喀纳斯湖；前往乌伦古湖见识渔民高超的捕捞技术；跟随哈萨克牧民踏上转场的旅途。

（3）抒情表意功能。解说词可以抒情，表达主题，升华主题。《新疆》结尾时，用解说词对整个主题进行总结升华。写道，东部延绵的临海地带，让中国与世界相连；西部深入腹地的内陆让中国靠近更多的邻居。曾经，一条向西延展的古丝绸之路，承载着人们对于远方的所有激情和想象；今天，新疆成为新丝路的核心地带，这条道路将以前所未有的规模重新连接世界。

2. 解说词的特点

（1）配合性。电视解说词不要求文字形式的完整。一般文章的作者，尽量追求文字形式的完美。但解说词不做这样的要求，因为它既不需要，也没有必要追求文字上的完美无缺。如果把解说词从电视节目中分离出来单独去看，可以发现，在文字形式上有许多不一样。它的文字结构是不严谨的，语言是不连贯的，思维是跳跃的，指代关系是不清楚的，东拉一句，西扯一句，刚说到历史，又转到当代，才提到海外，又扯回中国。这些明显不一样，都来自对画面的配合。

解说词必须与画面一起存在,相互补充,才能相得益彰。

(2) 间断性。这个和配合性相关,因为配合画面,所以解说词是片段的,不完整的。比如纪录片《舟舟的世界》解说词的不完整性。十几年了都是这样,一早上舟舟又来上班了,尽管他不是乐队的在编人员,但在这里确有他固定的座位,这是多少年约定俗成的结果,并且神圣不可更改。下一段却写道,舟舟的父亲老胡在乐团里是拉低音提琴的,这和舟舟没有多少关系,因为他们从事的专业不一样。这些只有配合画面此才能看明白。

(3) 通俗性。电视传播是一对多的线性传播,一闪而过,不可以返回重来。不像报纸可以翻过来翻过去重复翻看,电视是一次性单向传播,有去无回。所以解说词一定要通俗易懂,让观众听明白,听得懂,不可以过分掉书袋。要明白晓畅、通俗易懂。

3. 解说词的写作

电视解说词的写作,不像写文章,拿一摞稿纸和一支笔,就可以洋洋洒洒,天马行空般地任意挥洒。它必须服务于画面。电视解说词写作并不是一种写作,而应当是一种处理和安排。一定要考虑电视语言的立体结构,考虑到解说词和其他电视手段的配合和协调。

(1) 配合画面而不是重复画面。电视解说不是画面的简单说明和解释。千万注意,不要见山说山,见水说水,那样只能叫"看图说话"。画面内容已经充分交代,观众一目了然的,解说词没有必要做重复的解释和说明,而应更侧重对画面的理解和感受。

解说词应当向观众介绍画面之外的更多信息,尤其是那些无形的信息,与画面有一定联系的,而观众又不能直接看出来的信息。比如人物的姓名、年龄、身份、职业、事业成就等,特别是姓名,人物出现了,自身没有带标签,需要字幕和解说词共同强调。

(2) 少描写或不描写。特别是对自然景色、人物外在形象特征少描写。因为解说词描述得再准确、再生动、再传神,也不及一个镜头来得形神兼备、纤毫毕现,在表现事物的外在形态方面,画面语言有其天然的优势。人物外在长相、身高、胖瘦、五官特征都由画面传达得一览无余,解说词可以介绍人物的性格、秉性、兴趣爱好等,这些东西从外貌看不出来,不需要描写,只需要介绍清楚。所以尽量避免对画面形象的直接描写,尽可能少用描述性语言和过多的形容词汇。至于花红草绿的景色、热闹壮观的场面,对电视画面来说,是小菜一碟,对电视解说来说,则是废话一堆。写解说词,一定记住要"少描写",多解释多介绍。

(3)通俗易懂。解说词写作要求语言要精练、准确、口语化,力避音同、字不同的术语。要紧扣主题,通俗化、口语化、简明扼要。

一般情况下应当先剪辑好画面,再根据画面写解说词。但根据电视节目的不同类型,不同题材需要,也可以有不同的安排。如政论片、文献性纪录片、电视新闻等。

政论片和文献性纪录片的情况比较特殊,可以事先写好一套相对完整的解说词文稿,然后根据解说词的叙述结构、意义表达,去拍摄、寻找相关的画面做形象的说明。解说作为基本的表述手段,电视的其他表现手段围绕解说进行安排。所以,这类节目定位特点是"解说为主,解说先行"。

政论片和文献性纪录片对解说词的特殊要求

(1)解说词要有独家资料或独家观点。有比较完整的表述形式。比如24集大型文献专题片《敢教日月换新天》第一集《开天辟地》提供了许多历史资料,非常珍贵。写道,五四运动以后,当时随着中国社会的内部,就是出现了一批接受了马克思主义的先进分子,这样成立中国共产党的问题呢,就提到议事日程上来了。

1920年8月,中国第一个共产党早期组织在上海成立,陈独秀任书记。10月,李大钊在北京建立共产党早期组织。在上海及北京党组织的联络推动下,长沙、武汉、广州、济南等地的共产党早期组织相继成立。在日本、法国,也成立了由留学生和华侨中先进分子组成的共产党早期组织。

上海市兴业路76号,一座饱经沧桑的石库门建筑。100年前,中国共产党第一次全国代表大会就在这里举行。大会确定党的名称为"中国共产党",旗帜鲜明地把社会主义和共产主义规定为自己的奋斗目标。中国共产党的创建,是中华民族发展史上开天辟地的大事变,是历史的必然,人民的呼唤。中国产生了共产党,中国革命的面目从此就焕然一新了。

(2) 以具体的细节。具体的故事情节代替政论。比如《敢教日月换新天》第十五集《复兴之梦》写道,金秋的北京,秋高气爽,艳阳高照,阳光洒在古铜色的航站楼顶,闪耀出熠熠光彩。北京大兴国际机场犹如一只金凤凰展翅欲飞。这座建筑面积约140万平方米、年旅客吞吐量可达1亿人次、拥有世界最大规模单体航站楼的现代化机场,仅用了5年的时间就建造完成,创造了世界建筑史上的多个之最。从大兴国际机场的正式运营到港珠澳大桥的全面建成,从穿越三大沙漠的京兴高速公路的全线贯通到白鹤滩水电站的即将建成,从北斗系统在2020年对世界的全面开放,到嫦娥五号探测器在月球开展科学探测及自主采样取回月球土壤,再到天问一号探测器成功着陆火星,承载着14亿中国人福祉的中国车、中国港、中国船、中国网等超级工程横空出世,无不镌刻着中国实现现代化的干劲与斗志,无不彰显着中国追求复兴之梦的成色与品质。实践证明,中国特色社会主义道路行得通、得人心,是实现中国梦的必由之路!

(3) 论述带着信息进行。论述中有信息,使论述有理有据。《敢教日月换新天》第十五集《复兴之梦》这样写道,中国女排以十一连胜第十次荣膺世界排球"三大赛"冠军,再一次为球迷们展现出历久弥新的中国女排精神。习近平总书记专门邀请女排队员、教练员代表参加庆祝中华人民共和国成立70周年招待会,并在会见女排代表时表示,中国女排的夺冠激发了全国人民的爱国热情,增强了全国人民的民族自信心和自豪感。

电视新闻也可以先写好新闻文字稿,然后根据新闻文字稿编辑画面,这样的效率比较高。

电视片《壮丽的长江三峡》解说词

这三个峡各有其特点。瞿塘峡以宏伟雄壮著称。巫峡以其幽深秀丽而闻名。西陵峡则是滩多险峻惊人。三峡胜景丰富多彩。更有许许多多的名胜古迹,流传着奇妙动人的神话故事,令人无限神往。古往今来,多少诗人画家、名士高人慕名而来,为其吟诗作画,描绘和赞美它的千姿万态。游览三峡,饱览奇光异景,是一种非常美妙的享受。

(四) 字幕

字幕是指以文字形式显示电视、电影、舞台作品中的对话等非影像内容,也泛指影视作品后期加工的文字。包括在银幕或电视屏幕下方出现的解说词文字等,如影片的片名、演职员表、唱词、对白、说明词,以及人物介绍、地名、年代等内容。影视作品的对话字幕,一般出现在屏幕下方。

电视字幕是电视语言系统中不可或缺的内容,和画面语言、声音语言一起构成完整的电视语言。对画面进行说明、解释、装饰和完善。

字幕的范围:标题、人物话语、人物身份、人名、地名等说明性文字。

字幕的要求:准确、清晰、恰当、美观。

电视节目字幕需遵循的基本原则:

1. 准确。人名、地名等关键性文字,一定不能出错。解说词、采访、说明性文字等,也不能出现错别字。字幕本来就是一种解释和说明,如果错了,就失去字幕的本身意义,甚至会造成不好的影响。所以电视字幕第一要求就是准确。

2. 清晰。字幕的形式一定要清晰,不能花里胡哨。不适宜用影响观看效果的特效形式。字幕不能以酷炫为标准,而是以看清楚为标准。字幕是对音视频的文字表述,包括说话者识别及谈话内容等,都需要清晰呈现。

3. 恰当。字幕摆放的位置要恰当,不能满屏字幕,也不能字体字号过大或过小。标题字幕要放在屏幕中间,字体端正,字号适中。不能把大标题放在角落里,也不能把大标题用非常小的字号,让人看不清楚。所有字幕不能才出来1秒钟,就消失了,也让人看不明白。所以字幕的位置、大小、颜色、出现的时长等,都要适宜、恰当。

4. 美观。在满足准确、清晰、恰当的前提下,才能考虑美观好看。用什么颜色、什么字体,这些都可以根据电视作品的内容进行选择,因为电视作品的不同而采用不同的风格样式。悬疑谍战片的片名字幕都比较具有艺术设计感,纪录片、电视新闻的片名字幕则比较朴实朴素,不需要过多设计。

课后作业:分析电影《爱情麻辣烫》、纪录片《乡村里的中国》的声音运用。

第三节 蒙太奇语言

一、蒙太奇概念

蒙太奇(法语 Montage)是音译的外来语,原为建筑学术语,意为构成、装配。电影发明后,又在法语中引申为"剪辑"。1923年谢尔盖·爱森斯坦在杂志《左翼文艺战线》上发表文章《吸引力蒙太奇》(旧译《杂耍蒙太奇》),率先将蒙太奇作为一种特殊手法引申到戏剧中,后在电影创作实践中,又被延伸到电影艺术中,开创了电影蒙太奇理论与苏联蒙太奇学派。

爱森斯坦关于蒙太奇理论有一句名言:"两个蒙太奇镜头的对列,不是二数之和,而是二数之积。"用匈牙利电影理论家贝拉·巴拉兹的话说,就是"上下镜头一经连接,原来潜藏在各个镜头里异常丰富的含义便像火花似的发射出来"。例如《乡村女教师》中,瓦尔瓦拉回答"永远"之后接上两个花枝的镜头,就有了单独存在时不具有的含意,抒发了作者与剧中人物的情感。

爱森斯坦把辩证法应用到蒙太奇理论上,强调对列镜头之间的冲突。他认为,一个镜头不是什么"独立自在的东西",只有在与对列的镜头互相冲击中,方能引起情绪的感受和对主题的认识。他认为单独的镜头只是"图像",只有当这些图像被综合起来,才形成有意义的"形象"。正是这样的"蒙太奇力量"才使镜头的组接不是砌砖式的叙述,而是"高度激动的充满情感的叙述",正是"蒙太奇力量"使观众的情绪和理智吸引到作品之中。

蒙太奇是一种影视叙述方式和表现手段。根据内容需要、情节发展、观众注意力,将全片所要表现的内容分为不同的段落、场面、镜头,分别进行拍摄。再根据创作构思,通过画面和画面、画面与声音的结合,将镜头、场面、段落合乎逻辑地、富于节奏地组合起来,使人产生连贯、对比、呼应、联想、悬念、节奏等感觉,构成一部完整的反映生活、表达思想、条理贯通、生动感人的影视艺术作品。

蒙太奇有三层含义:

1. **镜头的组接。**指镜头的组接、组装。将若干镜头构成片段,再将若干片段构成场面,进而构成一部完整的影视作品。将在不同地点、从不同距离和角度、以不同方法拍摄的镜头排列组合起来,叙述情节,刻画人物。

2. **叙事手段。**镜头组接构成叙事片段,交代人物性格、情节的发展。通过镜头、场面、段落的分切与组接,对素材进行选择和取舍,以使表现内容主次分明,达到高度的概括和集中。

3. **艺术思维方式。**从策划开始到镜头拍摄、剪辑、合成,一系列的活动都有蒙太奇的原理和规律。在影视作品的制作中,导演按照剧本或影片的主题思想,分别拍成许多镜头,然后再按原定的创作构思,把这些不同的镜头有机地、艺术地组织、剪辑在一起,使之产生连贯、对比、联想、衬托悬念等联系,以及快慢不同的节奏,从而有选择地组成一部反映一定的社会生活和思想感情、为广大观众所理解和喜爱的影片,这些思维方式、构成形式与展现方式,都是蒙太奇思维。

二、蒙太奇的产生与发展

1. **单镜头时期。**19世纪末,电影刚产生时,没有分镜头概念,用一个镜头从头拍到尾。卢米埃尔兄弟在19世纪末拍出历史上最早的影片时,他们不需要考虑到蒙太奇问题。因为他们总是把摄影机摆在一个固定位置上,即全景的距离,把人的动作从头到尾一气拍完。这就是单镜头时期,不需要剪辑,一镜到底。如《火车进站》《婴儿的早餐》等。

2. 分镜头拍摄。有人尝试把摄影机放在不同位置,从不同距离、角度拍摄,他们发现各种镜头用不同的连接方法能产生不同效果。这就是蒙太奇技巧的开始,也是电影摆脱舞台剧叙述与表现手段的束缚,有自己独立手段的开始。一般电影史上都把分镜头拍摄的创始归功于美国的埃德温·鲍特,认为他在1903年放映的《火车大劫案》是现代意义上"电影"的开端,因为他把不同背景,包括站台、司机室、电报室、火车厢、山谷等内景外景里发生的事连接起来叙述一个故事,这个故事里包括了几条动作线。但是美国电影导演大卫·格里菲斯熟练地掌握了不同镜头组接的技巧,使电影最终从戏剧表现方法中解脱出来。埃德漫·鲍特的《火车大劫案》是分镜头拍摄的开始,也是蒙太奇概念的开始。但是只是画面分开拍摄,镜头组接技术还不成熟。而有"美国电影之父"之称的大卫·格里菲斯则发展了镜头剪接技术。

3. 镜头的组接。1+1>2。苏联电影大师、电影理论家谢尔盖·爱森斯坦认为,A镜头加B镜头,不是A和B两个镜头的简单相加,而会成为C镜头的崭新内容和概念。他明确指出,两个蒙太奇镜头的对列不是两数之和,而是两数之积。

把下面A、B、C三个镜头,以不同的次序连接起来,会出现不同的内容与意义。

A. 一个人在笑;B. 一把手枪直指着;C. 同一个人脸上露出惊惧的样子。

如果用A—B—C次序连接,会使观众感觉那个人是个懦夫、胆小鬼。然而,镜头不变,只要把镜头顺序变一下,则会得出相反结论。

用C—B—A次序连接,这个人的脸上露出了惊惧的样子,是因为有一把手枪指着他。可是他考虑了一下,觉得没有什么了不起,于是他笑了。因此,他给观众的印象是一个勇敢的人。

改变一个镜头的次序,而不用改变每个镜头本身,就可以改变一个场面的意义,得出与之截然相反的结论,这就是蒙太奇的神奇之处。镜头的组接不仅起着生动叙述镜头内容的作用,而且会产生各个孤立的镜头本身未必能表达的新含义。

苏联艺术理论家谢尔盖·爱森斯坦对蒙太奇理论进行阐述,1922年发表第一篇纲领性的美学宣言《杂耍蒙太奇》,指出把无论两个什么镜头对列在一起,它们必会联结,并从这一对列中产生出新的表象。电影史上第一个把蒙太奇用于表现尝试的是美国电影先驱大卫·格里菲斯,就是将一个在荒岛上男人的镜头和一个等待在家中的妻子的面部特写组接在一起的实验,经过如此"组接",观众感到了"等待"和"离愁",产生了一种新的、特殊的想象。

三、蒙太奇作用

1. 构成意义。产生新的含义。通过镜头、场面、段落的分切与组接,对素材进行选择和取舍,以使表现内容主次分明,达到高度的概括和集中。

2. 引导观众注意力,激发观众联想。每个镜头虽然只表现一定的内容,但按一定顺序组接的镜头,能够规范和引导观众的情绪和心理,启迪观众思考。

3. 创造时空。现实中的时空,按照现实世界的时间顺序单向线性展开,不可以任由人来安排,即时光一去不复返。但是电影可以让时光重返。影视里的时空,可以倒转,可以延长,可以压缩。蒙太奇可以创造独特的影视时间和空间。影视作品里的每个镜头都是对现实时空的记录和选取,经过剪辑,实现对时空的再造,形成独特的影视时空。

通过蒙太奇手段,电影的叙述在时间空间的运用上获得极大自由。两个镜头一剪辑,就可以在空间上从巴黎到纽约,或者在时间上跨越几十年甚至更长。蒙太奇这种操纵时空的能力,使艺术家能撷取他认为最能阐明生活实质的,最能说明人物性格、人物关系的,乃至最能抒发艺术家自己感受的部分,组合在一起,经过分解与组合,留下最重要、最有力量的部分,摒弃大量无关轻重的琐屑,去芜存菁地提炼生活,获得最生动的叙述、最丰富的感染力。格里菲斯在《党同伐异》中表现法庭上无辜的丈夫看着被判罪的妻子的痛苦时,只集中拍摄她痉挛着的双手。《红色娘子军》里,琼花看到地主南霸天,便违反侦察纪律开了枪,紧接的镜头是队长把缴下来的琼花的枪往桌上一拍,避免了向连长汇报的经过。动作是中断了,但剧情是连续的,人物关系是发展的。这种分解与组合的作用,使电影具有高度集中概括的能力,使一部不到两小时的影片能像《公民凯恩》那样介绍一个人的一生,涉及几十年的社会变迁。

四、蒙太奇的分类

蒙太奇具有叙事和表意两大功能,据此,可以把蒙太奇划分为叙事蒙太奇、表现蒙太奇。叙事蒙太奇,包括平行蒙太奇、交叉蒙太奇、重复蒙太奇、连续蒙太奇等;表现蒙太奇,包括抒情蒙太奇、心理蒙太奇、隐喻蒙太奇、对比蒙太奇等。

(一) 叙事蒙太奇

叙事蒙太奇由美国电影大师格里菲斯率先使用,是影视片中最常用的一种叙事方法。此时尚不存在电影蒙太奇的概念,还是一种无意识的行为,它的特征是以交代情节、展示事件为主旨,按照情节发展的时间流程、因果关系来分切组合镜头、场面和段落,从而引导观众理解剧情。这种蒙太奇组接,脉络清楚,逻辑连贯,明白易懂。具体包含以下几种:

1. 平行蒙太奇

平行蒙太奇以不同时空或同时异地发生的两条或两条以上情节线并列表现,分头叙述而统一在一个完整的结构之中。格里菲斯、希区柯克都是极善于运用这种蒙太奇的大师。平行蒙太奇应用广泛,用它处理剧情,可以删节过程以利于概括集中,节省篇幅,扩大信息量,加强节奏。由于是几条线索平列表现,相互烘托,形成对比,容易产生比较强烈的艺术效果。如影片《南征北战》中,导演用平行蒙太奇表现敌我双方抢占摩天岭的场面,造成了紧张的节奏而扣人心弦。

2. 倒叙蒙太奇

倒叙蒙太奇又叫颠倒蒙太奇。先交代故事的结局、事件的结果或某些关键性的情节,再倒回去具体叙述故事始末、事件发展的过程。倒叙方法的直接结果是产生叙述上的变化,造成悬念,引人入胜地展开故事的情节。倒叙的转入一般采取视线朦胧、照片特写、某一物件、旁白等,借助叠印、化变、黑场等手段。

3. 交叉蒙太奇

交叉蒙太奇又称交替蒙太奇,将同一时间不同地域发生的两条或数条情节线迅速而频繁地交替剪接在一起,其中一条线索的发展往往影响另外线索,各条线索相互依存,最后汇合在一起。这种剪辑技巧极易引起悬念,造成紧张激烈的气氛,加强矛盾冲突的尖锐性,是掌握观众情绪的有力手法,惊险片、恐怖片和战争片常用此法造成追逐和惊险的场面。如《南征北战》中抢渡大沙河一段,将我军和敌军急行军奔赴大沙河以及游击队炸水坝三条线索交替剪接在一起,表现惊心动魄战斗的紧张激烈。

4. 连续蒙太奇

连续蒙太奇不像平行蒙太奇或交叉蒙太奇那样多线索地发展,而是沿着一条单一的情节线索,按照事件的逻辑顺序,有节奏地连续叙事。这种叙事自然流畅,朴实平顺,但由于缺乏时空与场面的变换,无法直接展示同时发生的情节,难于突出各条情节线之间的对列关系,不利于概括,易有拖沓冗长,平铺直叙之感。因此,在一部影片中绝少单独使用,多与平行、交叉蒙太奇交替使用,相辅相成。

(二) 表现蒙太奇

表现蒙太奇是以加强艺术表现力和情绪感染力为主要目的的一种蒙太奇类型。以镜头的对列为基础,通过前后镜头在形式上或内容上的相互对照、冲撞,从而产生一种单一镜头本身不具有的、更为丰富的含义,并用它表达某种情绪、感情、心理或思想,给观众造成强烈的印象。它的目的不是叙述情节,而是表达情绪,表现寓意,揭示含义。根据镜头对列所产生的作用,可以分为并列、交叉、对比、象征和重复蒙太奇等几种。

1. 并列蒙太奇

并列蒙太奇又叫积累式蒙太奇、主题式蒙太奇。通过把几个有内在联系的镜头并列组接起来,达到渲染气氛、强调情节、突出某种含义的目的。并列式蒙太奇画面组接的主要依据是逻辑上的联系,这些画面往往从不同侧面说明一个相同的主题,组接之后产生一种综合性效应。

并列蒙太奇组接的注意事项:镜头要选择具有代表性的画面,增强概括力;镜头的内部节奏和外部节奏要和谐;注意画面景别和视点的变化;注意并列蒙太奇中的节奏变化;注意画面的组接次序与解说词的配合。

2. 对比蒙太奇

对比蒙太奇类似文学中的对比描写,通过镜头或场面之间在内容上进行贫与富、苦与乐、生与死、高尚与卑下、胜利与失败等,或形式上如景别大小、色彩冷暖、声音强弱、动与静等的强烈对比,产生相互冲突的作用,以表达创作者的寓意或强化所表现的内容和思想。通过镜头、场面或段落之间在内容和形式上的强烈反差,产生相互加强相互冲突的效果。

3. 隐喻蒙太奇

隐喻蒙太奇通过镜头或场面的对列进行类比,含蓄而形象地表达创作者的某种寓意。这种手法往往将不同事物之间某种相似的特征凸显出来,以引起观众的联想,领会导演的寓意和领略事件的情绪色彩。如普多夫金在《母亲》一片中将工人示威游行的镜头与春天冰河解冻的镜头组接在一起,用以比喻革命运动势不可挡。隐喻蒙太奇将巨大的概括力和极度简洁的表现手法相结合,往往具有强烈的

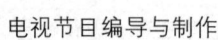

情绪感染力。不过,运用这种手法应当谨慎,隐喻与叙述要有机结合,避免生硬牵强。

4. 象征蒙太奇

象征蒙太奇通过镜头画面的对列,把相距很远的事物加以类比,把一样东西或一件事件的含义,用另一样东西或另一件事件的画面表达出来。这种手法比较含蓄,需要观众通过联想去琢磨、体会。比如纪录片《幼儿园》里,小女孩透过百叶窗向外看,看到虚焦的朦胧的外面孩子嬉闹的场景,象征现实是一种困扰,而快乐是一种虚幻、不真实的东西。

思考题

1. 什么是电视画面?电视画面有什么作用?
2. 什么是蒙太奇?蒙太奇的作用有哪些?
3. 简述蒙太奇的类型。

第三编
电视节目制作

　　一个电视节目的创作流程可归纳为三个时期或三个阶段：前期策划阶段，包括选题、稿本、拍摄提纲；现场拍摄阶段，包括摄像、场地、演员、服装、道具等；后期制作阶段，包括剪辑、配音、字幕、合成等。

第一章　电视节目制作流程

第一节　前期策划

一、策划的概念

策划，指积极主动地想办法、定计划。是一种策略、筹划、谋划，或者计划、打算，是个人、企业、组织机构为了达到一定的目的，在充分调查市场环境及相关联环境的基础之上，遵循一定的方法或者规则，对未来即将发生的事情进行系统、周密、科学的预测并制订科学的可行性的方案。在现代生活中，常用于形容做一件事的计划。

策划最初用于战争。"知己知彼，百战不殆"。策，古代指一种马鞭子，头上有尖刺。有策马、鞭策、激励、促进之意。"策划"一词最早出现在《后汉书》。"策"最主要的意思是指计谋、谋略，"划"指设计、筹划、谋划。

现在的理解，策划是条条大路通罗马，你找出最近的一条。简单说，策划是行动方案。策划是根据已掌握的信息，推测事物发展的趋势，分析需要解决的问题，制定指导思想、行动目标、方针、政策、途径、步骤、人员、经费等，一系列的构思和设计。策划是一种从无到有的精神活动。策划是一种程序，在本质上是一种运用脑力的理性行为。策划是一种设计，一种安排，一种选择，或是一种决定，一张改变现状的规划蓝图。策划是一种崭新的构思,然后再一步步地做,把它做成。

策划是通过实践活动获取更佳效果的智慧,策划是一种对未来采取的行为做决定的准备过程,是一种构思或理性思维程序。

二、电视策划

电视策划是借助特定电视媒体信息、素材,为实现电视行为的某种目的、目标而提供的创意、思路、方法与对策。电视策划是一个丰富、复杂、综合性的劳动和活动。电视需要策划,电视媒体竞争日益激烈,各级各类电视媒体需要寻求新的生存发展空间。电视策划通过对媒介信息的大量掌握,推测电视发展的大趋势,分析电视媒体的生存处境,有针对性地对电视行为在宗旨、目标、对象、定位、战略、策略、方式、方法,以及人力、财力、物力的配置,未来开发的渠道与潜力,效益、效果的评估观测等进行科学的判断、周密的设计,为电视媒体的整体运行与具体行为提供宝贵的智力支持。

电视策划一方面为电视提供新观念、新思路、新方法,给实践以明确而有力的指导;另一方面尽量避免大的决策失误、行为误区以及资源浪费;正确的、科学的、有序的电视策划应当是一种专业的、职业的工种与行为,它意味着电视媒体无形资产与有形资产的增长,社会效益与经济效益的提升,媒体自身地位的巩固与可持续性发展的潜力等。从节目形态看,可分为选题策划、节目策划、栏目策划、频道策划直至媒体整体形象策划等。电视节目在选题过程中应用创造性思维,独辟蹊径地筛选、发现选题,属于选题策划。

三、电视策划的原则

1. **创新性**。策划本身最大的特点就是创新。节目策划的创新不是凭空臆想出来的,它是建立在广泛的知识、信息基础上的新组合。要想创新并不难,问题在于要敢于创新,善于从不同角度做发散性联想思维,勇于打破传统知识结构和思维习惯,不受经验的羁绊,在固有学识基础上寻求一点突破就是创新了。《东方时空》打破早间不看新闻的习惯,大胆开创新的收视时段。《中国诗词大会》内容选取观众喜闻乐见的熟知的诗词,形式上还特意设计了嘉宾解读环节,点评嘉宾结合现场嘉宾作答的题目,讲述诗词背后的故事,开掘了节目深度。增设具有"一对一"对抗性质的"飞花令"环节,强化吸引力和参与性。节目一经播出受到广泛欢迎,主要原因在于创新性,在节目内容和呈现形式上都有很强的设计感和节奏感,彰显中国新时代风貌。

2. **效益性**。电视节目策划要坚持两个效益并重,社会效益第一原则。节目没有社会效益,经济效益无从谈起;只抓经济效益,不择手段媚俗,把社会效益放在一边,经济效益也不会长久。节目策划要做到效益双赢并不难,难在节目如何做得好看。在电视产业化的过程中,社会效益与经济效益总是结伴而行。节目是做给观众看的,策划人心中不装着观众、不考虑社会影响,节目就走进了死胡同。没有了受众就没了市场,没有市场就肯定不会有经济效益。《中国诗词大会》是继《中国汉字听写大会》《中国成语大会》《中国谜语大会》之后,为贯彻落实习近平总书记关于弘扬中华优秀传统文化的指示精神,为让古代经典诗词,深深印在国民大众的脑子里,成为"中华民族文化基因",由央视科教频道推出的一档文化类演播室益智竞赛节目。以"赏中华诗词,寻文化基因,品生活之美"为宗旨,通过演播室比赛的形式,重温经典诗词,继承和发扬中华优秀传统文化,带动全民重温那些曾经学过的古诗词,分享诗词之美,感受诗词之趣,节目把内容的社会效益性放在首位,取得很好艺术感染力和社会教育价值,同时也获得很好的传播效果。

3. **可行性**。中央广播电视总台联合国家文物局、中国社会科学院共同制作的考古空间探秘类文化节目《中国考古大会》,围绕中国考古学百年历程中的重大考古发现、文化遗存、遗址文物等,将考古发掘研究与史海钩沉熔于一炉,将历史与当代有机结合,梳理中华文明起源和发展的历史脉络,节目得到广泛欢迎。策划之初可行性是必须考虑的问题,动员全国文物考古界的专家学者,充分论证,实地考察,制订详细策划方案。

  从大的时代背景上看,节目是应运而生。中国是东方人类的故乡,同非洲并列人类起源最早之地,北京猿人在50万年前就发明人工用火术,为全球最早之一。早在1万年前,我们的先人就种植粟、水稻,农业起源同西亚北非并列第一,中国在乐器、独木舟、水利设施、天文等方面的发明发现也是全球最早或最早者之一。考古成果说明了中华民族和中华文明多元一体、家国一体的形成发展过程,揭示了中国社会赖以生存发展的价值观。周口店、贾湖、良渚等这些陈列在中国大地上的遗产星光璀璨。而中国考古发现的重大成就实证了中国百万年的人类史、一万年的文化史、五千多年的文明史。习近平总书记在中央政治局第二十三次集体学习时强调,"要高度重视考古工作,努力建设中国特色、中国风格、中国气派的考古学,更好认识源远流长、博大精深的中华文明,为弘扬中华优秀传统文化、增强文化自信提供坚强支撑。"可以说《中国考古大会》应时而生。

  从可实现性上来看,节目通过"VR扩展呈现"等技术手段,将演播室打造成裸眼3D的考古现场,实现对真实考古环境和场景的呈现,让中华大地上星罗棋布的文化遗存、让收藏在博物馆里的万千文物、让书写在古籍里的文字和故事活起来,丰富全社会历史文化滋养。强化大小屏互动和衍生内容开发,联合新媒体平台,同步推出"线上考古"知识问答等活动。舞台设计上,采用同一个演播室内分设主副两个舞台配置的模式,根据内容呈现需求,两个舞台可即时生成不同的虚拟场景,时而让"考古推广团"置身视觉奇观之中,时而让观众的视线自由穿梭到"千里之外"的考古发掘现场。运用探秘空间、专家解读、舞蹈演绎、实景纪录、全息影像等形式,充分挖掘总台AI+VR裸眼3D演播室技术的特点,以12个遗址为主线索,邀请12位"考古推广人",体验考古任务,感受"发现发掘、整理阐释、保护传承"中的历史底蕴和文化内涵。

  4. **变通性**。事物是不断发展变化的。策划方案制订后,在实施过程中,也需要根据变化了的情况进行及时调整。策划是对正在发生事件的主动、积极的反映,主观随着客观变化而变化。随机应变,既是策划发生变化后采取的应急措施,也是策划本身之要义。既然策划的对象是不断变化的事件,策划过程中必须有应变之策。及时应变可以减少损失,更好地强化宣传效果。所有策划都应该有备份方案,以应对可能出现的意外。

四、策划能力培养

电视编导要善于学习,加深修养。广博学识,多看书。要深入观察,细致观察,做生活有心人。还要勤于思考,多发散思考,多比较。

1. **敏锐**。能够先人一步把握到电视媒体的特性和最新发展方向;能够准确把握观众的收视习惯和收视愿望;能够准确把握领导对其所策划的项目内容的期待。

2. **富有创意**。能够根据不同的频道、不同的受众、不同的经营环境有针对性地拿出新颖、独特、具有较高可操作性的好点子。

3. **较强的政策水平**。任何优秀的策划都不能有悖于现行的媒介政策。或许有些策划的成功,存在"打擦边球"的因素,那么就更加需要策划人对政策有精准的把握,才能做到守住绝不越界的底线。

课后作业:

写一个电视节目策划方案。策划某一栏目的一档具体节目或策划一个新的栏目。

第二节　现场拍摄

电视是声音画面的立体流动的语言,文字的策划案、文字的解说词,需要由电视的画面进行实现。在前期策划之后,进入非常关键的画面拍摄阶段,也是文字语言转换成电视语言的关键阶段。

声音和图像是电视节目的主要形式,这个过程是在摄像机的帮

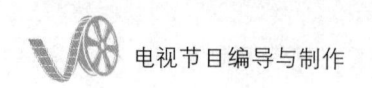

助下进行的。电视摄像师的工作是电视节目制作的最初工作。电视摄影师的基本技能和电视意识是电视图像质量的关键因素。电视摄像机不仅可以记录现实生活,还可以对生活资料进行选择、概括和创造性表达。这对电视摄影师提出了双重要求,既要有专业的技术知识,也要有高超的艺术实现技能。

一、拍摄需要注意的问题

1. **根据节目风格要求进行拍摄**。不同类型的节目,对拍摄有不同的要求。综艺晚会对拍摄要求非常高,如果现场直播,就更复杂了,需要提前布置机位,提前排练、预演。文化艺术类的、室内演播类的节目,一般比较讲究布光、场景设计,镜头讲究构图,突出画面的艺术感染力;纪实类的节目,则要信息准确、客观、真实,反映现实生活原貌,自然、朴实、展现真实本身的力量。

2. **围绕节目主题的需要进行拍摄**。所拍摄的风景、人物、事件,都必须是节目本身需要的,主题内容涉及的,不可以依照个人喜好想拍什么拍什么,漫无目的,不着边际,离题万里。

3. **遵循拍摄的基本原则和规律**。电视节目是由一组一组的镜头联系在一起的,镜头和镜头之间有许多章法和技巧,包括运动、角度、景别、光线、节奏等。电视拍摄不仅需要静止的画面,也需要运动的镜头。电视语言与绘画、雕塑和摄影艺术最大区别在于它直接表达了运动主体的动态变化位置,表达了主体运动的速度、节奏甚至整个过程。各种运动过程的完整性和丰富性,通过电视拍摄方法得以呈现。

拍摄主体可以运动,被拍者也可以是运动的,二者可以同时运动,也可以只有一个运动。比如拍摄运动员在球场上发球时,通常使用固定镜头进行处理,这样可以更好地显示现场比赛中球员的动态。电视摄像机不仅可以记录和再现现实生活中的各种运动过程,还可以通过镜头本身的运动来展示和体现运动中的生命。需要注意以下几点:

(1)一般要拍摄比较完整的一个运动段落;(2)运动镜头需要

留足起幅落幅的时间。起幅落幅要充分、从容；(3) 对话场景要相对完整，不然就会出现说一半就没有了，注意反打镜头；(4) 人物在环境中；(5) 成组拍摄，景别要尽量全，在一个环境中，远、全、中、近、特，一般要成组拍摄；(6) 拍一些相关的、有意味的空镜。

二、拍摄方式

1. 架上拍摄。比较具有稳定性。画面风格平和、冷静、从容。比如纪录片《苏园六记》，多数都是架上拍摄，镜头静美深邃、庄重。一般重要的采访，重大的题材，都需要架上拍摄。

2. 手持拍摄。灵活性比较强。具体包括肩扛式、手握式。优点是机动灵活、现场感强。移动、跑动方便，利于细节抓拍。手持拍摄具体方式包括抓、抢、跟、挑。与一般电视节目拍摄要求不同，手持拍摄需要摄像师有耐心、有毅力、有阅历，还要现场判断能力强。

三、获奖作品案例分析：《跑酷即生活》手持拍摄与跟拍纪实

自 20 世纪 90 年代以来，跟拍纪实也就是不加解说词，甚至不采访的不介入旁观式拍摄，成为一种至高追求。而对于学生而言，这种旁观的"直接电影"表现方式，是一个难度极高的挑战。不用解说词，光靠画面本身就能把事情说清楚，而且好看，是比较难的事情。但是每年都有很多学生愿意做这方面的探索与尝试，也取得了很好的成果，不少作品获奖，如《奔跑吧姑娘》《我与乒乓》《一生爱好是昆曲》《不熄灯的书店》等，其中《跑酷即生活》表现比较突出。

1. 作品信息。《跑酷即生活》时长 11 分 39 秒，编导周滢洁、王筱芬。获得四川国际大学生电影节"金熊猫"奖入围奖、西部大学生电影节一等奖、全国大学生体育影像节最佳摄像奖。

2. 主要内容。作品表现的主人公叫严松阳，是南京 TNT 跑酷队的队长。年轻帅气的他热爱跑酷，视跑酷为生活生命的一部分，为团队寻找训练场地而四处奔走，训练队员认真负责，对自己要求也非常苛刻，不怕伤痛。24 岁的严松阳，已经有 5 年跑酷历史，当队长也

3年多。他领导的团队人员不断壮大，由开始的10多个已发展到100多人，还有国外留学生加入其中。他训练队员非常严苛，从不马虎，在训练过程中，队员喊疼，他说："疼就对了，舒服是留给死人的。"他自己受伤后也会非常沮丧，说："很烦，不能训练了。对我来说，一天不训练，浑身不舒服。""跑酷是我的生活，我的生命，我的梦想。"一个个性鲜明、敢于坚持梦想的年轻人的形象立在观众面前。

3. 主要特点。

（1）捕捉有张力的细节。作品全程拍摄都是肩扛或手持摄像机，没有上架拍摄，主要是为了能随时捕捉到生动的细节。因为被拍摄人物是一个跑酷爱好者，时刻处于运动之中，无法用稳定支架。所以对摄像者的现场把控能力，要求比较高，需要能敏锐地发现精彩细节，需要能准确及时地拍摄下来。作品成功捕捉到训练过程中很多有意义、有张力、有刺点的细节。人物动作有张力，人物的语言也有张力。作品非常及时准确抓拍到了这些细节。比如表现训练的细节，严松阳帮助队友膝盖着地，肩膀着地，队友喊疼，他说："知道你疼，疼就对了。舒服是留给死人的。"一脸的严肃，冷峻的表情。因为这个语言和动作细节，人物立刻生动起来，也站立起来，不再是扁平的一个人，而是一个有想法有追求、个性鲜明、内心强大、敢于坚持的年轻人形象。之后他自言自语说："腰部肌肉拉伤，很烦，不能训练了。一天不训练，浑身不舒服。"而面对队友的受伤，他则非常自责，并四处找场馆。健身房、跆拳道馆等，都没谈成，担心赚不到钱。家里反对，自己资金不够支付8万～10万一年的租金。但是，不后悔，还是快乐地训练。

（2）准确把握人物情感、情绪。整部作品节奏感强，充满现代气息。也得益于手持机器的抓拍记录，真实记录下人物的情感变化，从时间、事件的变化中，表现人物性格和命运。情绪线是快乐—忧伤—快乐。开始是快乐的跑酷、耍酷，各种极限动作，时尚、动感、开心。之后是训练、吃苦、队友受伤、找场馆、没成功，情绪低落。之后又是受伤，加重忧伤的气氛。但是一旦训练起来，一切都烟消云散，快乐又回来。人物执着追求,不怕困难的精神,令人感佩。所有视觉画面都与人物情绪相吻合,起伏跌宕。声音提供个性、感情、情绪、品格,画面提供信息、事实。声音、画面,各有各自的作用,互相映衬,相辅相成。一部作品打动人心、令人难忘的应是情感,所以情绪、情感的表达与传递,非常重要。艺术作品以情动人。

图 3-1-1 《跑酷即生活》作品截图,训练细节特写

图 3-1-2 《跑酷即生活》作品截图,训练细节近景

这部作品拍摄历时较长，投入精力较大。基本采用手持拍摄方式，客观跟拍记录，拍摄一群耍酷的男生，不畏艰苦，乐在其中。创作者追求客观真实、旁观"不介入"的创作理念，运用等、抓、抢的拍摄方式，使作品具有真实的品格和真实的力量。

扫码观看视频

图 3-1-3 《跑酷即生活》作品截图，场馆训练特写

第三节 后期剪辑

后期剪辑，作为影视艺术的有机组成部分，在电视发展过程中应运而生，独立出现，并逐步完善。剪辑艺术的进步，极大地影响和推动了影视艺术的提高和发展。

作为影视制作的最后一道程序，后期剪辑也被称为后期制作。按要求、按脚本，以突出主题内容为目的。具体包括素材选取、段落删减、连接成片、字幕、配音、专业调色、片头定制、格式转码等，所有根据自主化要求的剪辑制作。

素材处理：为视频剪辑提供素材片段、段落顺序重组、历史素材并入、相关素材引入组合等。

特效处理：为视频素材编辑过程中加入转场特技、三维特效、多画面、画中画效果、视频画面调色等。

字幕处理：为视频素材添加 Logo、中外文字幕、说明性字幕、修饰性字幕、三维字幕、滚动字幕、挂角字幕等。

音频处理：为视频素材添加背景音乐、特效音乐、配音解说等。

包装处理：为视频素材剪辑后全方位特效包装，三维片头片尾、Flash 片头片尾、形象标识特效等。

成品输出：制作好的影视作品输出到各种格式的录像带、播出带，压制或刻录至 DVD、VCD，输出成各种格式的数据文件。

传统的电视编辑是在编辑机上进行的。编辑机通常由一台放像机和一台录像机组成。剪辑师通过放像机选择一段合适的素材，然后把它记录到录像机的磁带上，然后寻找下一个镜头。由于磁带记录画面是按时间顺序的，无法在已有画面之间插入一个镜头，也无法删除一个镜头，除非把这之后的画面全部重新录制一遍。所以这种编辑叫作线性编辑，它给编辑人员带来很多限制，大大降低了剪辑人员的创造力，并使宝贵的时间浪费在烦琐的操作过程中。

基于计算机的数字非线性编辑技术，使剪辑手段得到很大发展。这种技术将素材记录到计算机中，利用计算机进行剪辑。随着 PC 性能的显著提高，价格的不断降低，影视制作从以前专业的硬件设备逐渐向 PC 平台转移，原先身份极高的专业软件也逐步移植到平台上，价格也日益大众化。影视制作的应用也从专业影视制作扩大到多媒体、网络、家庭娱乐等更为广阔的领域。大量的影视爱好者，都可以利用自己手中的电脑，制作自己喜欢的影视作品。

后期剪辑的步骤：

1. 审看素材：在正式进入剪辑之前，必须认真审看拍摄素材，而且要认真做好笔记，记住一些有意思、有价值的素材，记下其所在的位置、时间长度、主要内容等信息，以备剪辑时随时调出使用。同时，如果觉得某一个段落不完整，或构图不理想，还有补拍的可能性，也要记下来，准备补拍事宜。这些都是认真审看素材的作用。

2. 粗剪初片：按照主题要求，把视频素材连接在一起，成为一个比较完整的作品,时间长度也符合要求。但是没有加字幕,也没有加解说词。初步成形,一般叫作初片或毛片。虽为初片,也要求镜头连接符合逻辑、过渡自然,在审片之后,会有调整、完善和补充。为了后续的调整方便,初片不加字幕或不加配音。

3. 精剪成片:在审看之后,整合多方意见,不断完善、打磨作品,使主题呈现得更鲜明、更顺畅,更吸引人。再确定之后,可以加字幕,加解说词配音,加音乐、音效等,进行整体包装。成片需要掌握作品节奏,起伏有致,段落清晰、风格基调一致。

(1) 配音。将解说词文稿录成声音,与在画面合在一起,共同表达一个意义。有的电视作品,如专题片或历史文化片,可能需要先写解说词,把解说词录成声音,然后以此为依据对镜头画面进行剪辑组接。有的片子,根据解说词的声音定画面的长短、内容和节奏,如《苏园六记》《话说长江》等。而现实题材纪录片,一般是先剪辑画面,根据画面再写解说词,然后配成声音和画面合在一起。电视作品的声音包括解说词、音乐、同期声、自然声响等。

(2) 字幕。字幕是出现在影视作品的文字,包括人物、时间、地点等说明性文字,也包括标题、事件内容、解说词、采访的文字,是影视作品不可或缺的语言形式。一个人的外形外貌可以不加解释说明,一看就知道是男是女,是老是幼,但是人物的姓名、职业则不能一眼看出来,所以需要对主人公的身份、姓名做一个文字标注,特别是一些少见的姓名,更是要注意不能写错。字幕遵循的原则首先就是准确,不能张冠李戴。其次是清晰,不要花里胡哨,影响观众辨认。最后才是美观,好看得体。

(3) 合成。剪辑的最后一道程序,把视频与声音、字幕很好地结合在一起,形成一个具有声音、画面、文字语言的完整的电视作品。可能根据不同需要,还要进行片头、片尾的包装,制作单位、赞助单位、制作者名单字幕呈现等。总之是进行最后的完善、包装,是作品出品的最后一个环节,非常重要,不能有遗漏,不能有不恰当的表述,需要反复核对、审看。

思考题

1. 什么是策划？什么是电视策划？
2. 电视策划的原则有哪些？
3. 如何培养策划能力？

第二章　电视节目选题

第一节　选题概念

在生活素材的基础上,经过初步选择、提炼,成为可以拍摄制作的线索、方向和内容,叫选题。作为电视记者或编导,每天或每周都要进行选题申报,批准之后,才可以进行拍摄制作。

一、确定选题之前需要弄清的问题

1. 人物叫什么名字？弄清这个问题非常重要,因为名字里包含很多信息,是了解人物性格、精神气质的切入口。以前经常遇到学生报选题时,不知道要拍摄的人物叫什么名字,说是张大爷、李阿姨、刘老师、孙警官等等不一而足。说明前期观察了解并不充分,也说明对名字这个问题没有足够重视。文学、电影、电视剧里人物的名字,都是经过精心设计的,是作者创作构想和作品主题内容的一个载体。比如《红楼梦》里的贾宝玉、林黛玉、袭人、晴雯、王熙凤,比如热播电视剧《狂飙》里的安欣、高启强、高启盛、高启兰、徐忠、陈金默,都是创作者审美意图的寄寓。那么取材于现实生活的电视节目,比如新闻、专题片、纪录片等,其人物也应该有名有姓、有性格、有精神,才能够站得住,让人记得住,给人以启发和激励。所以了解人物名字,是塑造人物性格和精神价值的开始,需要用心去了解,包括身份、年龄、职业、经历、爱好，对待生活及事物的态度等，这些都需要认真了解。

2. 人物有什么愿望？无论事件类的，还是人物类的电视节目，其中人物都是中心点，人物是一切艺术关注的重心。文学是人学，影视艺术也是如此。所以要关心被拍摄人物的喜怒哀乐、悲欢离合、精神追求，关心他的愿望，大的、小的、远的、近的愿望。这些愿望和人物的命运紧密连在一起，实现愿望的过程，也是人物性格、精神价值展现的过程。

3. 实现愿望过程中有什么困难？这些困难带来哪些影响？怎么解决困难的？谁帮助他解决的？这些情况的详细了解，有助于确定选题的内容，也有助于拍摄剪辑制作。

4. 故事的结果怎么样？一般故事包括开头、过程、高潮和结尾。一个电视作品讲故事也是按照这个规律来展开。具体可以是愿望＋困境＋克服困境＋结果，这样有来龙去脉、有发展经过，有起伏变化，内容会比较丰富。

二、选题调研的方式

1. 资料调研：选题如果是历史文化或重大历史事件、历史人物方面的，或者是劳模、先进人物的，可以先去资料室、图书馆、档案馆等地方，了解关于选题的所有文字介绍和记载，发现有价值的可以用到自己作品的内容中；了解别人如何报道的，可以从中获得启发和借鉴；寻找自己拍摄制作的独特视角和创新之处；翻阅报纸、期刊、书籍、画报、海报等，能力之内，查找所有能查到的相关信息。

2. 关联人调研：找与事件及人物有密切关联的人，参与者、知情人、见证人，或者邻居、亲友、老师、同学、同事、朋友等，了解情况，获得第三方信息，可以印证、补充已经掌握的资料信息。

3. 田野调查：田野调查又叫实地调查或现场研究，属于人类学范畴的概念。科学的人类学田野调查方法，是由英国功能学派代表人物马林诺夫斯基奠定的。其最重要的研究手段之一就是参与观察。要求调查者要与被调查对象共同生活一段时间,从中观察、了解和认识他们的社会与文化。田野调查第一要选好居住地。我国20世纪五六十年代对少数民族社会历史大调查时,一般都住在当地人家中,实行三同,即同食、同住、同劳动。西方人类学家的田野调查,住在当地人家中的不多,马林诺夫斯基在调查新几内亚东北约一百英里的特里布里恩德(Trobriand)群岛时,他在这个岛上的一个村子里单独搭了一个帐篷居住。柏尔图(Pelto)和柏尔图夫人1973年研究了51个人类学家田野调查之后,发现他们在田野作业期间,大多是租住当地社区的房子或公寓居住。第二是了解当地的一般社交礼仪和禁忌。每个民族或每个地区都有特殊的社交礼仪,如见面礼节、做客礼仪,以及各种禁忌等。先了解一般礼仪和禁忌,才有可能较好开展田野调查。第三是观察要细。参与观察是人类学田野调查的重要方式之一。只有观察深入细致,入木三分,才能透过现象看本质。四是无结构型访谈,即非问卷访谈。事先没有预定表格,没有调查大纲,田野作业者和受访人就某些问题自由交谈。纪实节目创作可以借鉴田野调查方法,亲自去实地勘察、考察、调研,找当地人聊天,观察、交朋友。

4. **样片拍摄**:有条件的可以在前期采访过程中,拍一些视频画面回来,认真分析,继续完善计划。

第二节 选题的原则

一、如何选择选题

生活本身五彩缤纷、包罗万象,什么才是可以拍摄的选题?怎么从汪洋大海里挑选?可以遵循以下原则:

1. **选择自己熟悉、感兴趣的内容。**无论媒体从业者,还是在校学生以及自媒体创作者,选择自己擅长的、喜欢的内容,这是遵从的第一原则。因为大多数人,可能没有机会拍摄像《圆明园》《望长城》《话说长江》这样宏大的选题,但可以从自己的生活中,从身边令人感动的小事上着手。这也是英国纪录片大师约翰·格里尔逊的主张,把目光从遥远的远方收回来,发现身边的戏剧。比如一些学生的选题,可以从生活的城市出发,拍摄《扬州小巷》《扬州剪纸》《扬州雕漆》《朱自清》《淮扬本味》《扬州的桥》等,反映了他们所生活城市的文化与现实生活。

2. **选择有价值的内容。** 有价值的内容,就是所拍摄的内容具有显著性、普遍性和人文关照性。显著性如《摆脱贫困》《瘦西湖上的船娘》《奥运大厨》《张謇》《朱自清》《扬州雕漆》等;普遍性如《求职半年间》《中国人的活法》《新青年》《我的大二班》《幼儿园老师》《"她"的校服》等;人文关照性如《舟舟的世界》《棒!少年》《我和你一样》《庇护》《定格》等。需要在平凡生活中,发现闪光点,发现具有普遍意义和独特价值的内涵。比如雪灾、疫情、奥运中的人和事,在特殊行为中、突发灾难中,可以看到人性的光辉。

3. **选择可操作的内容。** 可行性是在校学生乃至媒体工作者必须要考虑的重要原则。如果只是在脑海里想得天花乱坠,但是现实中不能实现,也是不可取的。尤其对于在校学生而言,经费、设备、条件有限,要特别考虑可行性,对资金、设备、时间跨度、地点、拍摄难度等都要加以认真考量规划。比如拍摄《扬州的桥》,想要展现桥的整体面貌,可以采取俯拍方式,所以航拍就应该考虑在内。那么是否可以实现,如何实现?现在小型航拍设备已经比较普及了,可以租用;技术也比较简单易学,学生也可以操作。但是学生如果要拍一个像《航拍中国》一样的作品,就比较难实现了。中国这么大,航拍不是小型无人机就能完成的,需要大型飞行设备、专家团队等的支撑,这些是学生身份难以实现的。

二、纪实节目选题时需要注意的几个重要条件

1. **人物要具有个性。**即人物有特点。这个特点可以是外在的、职业的或性格的。职业上有特点,如警察、狙击手等。性格上有特点,比如特别爱说的,特别爱表现的,或者特别不爱说话的,或者脾气特别火爆的,如《彼岸的青春》里的陈晨特别爱说话,还特别幽默;《舟舟的世界》里的舟舟喜欢音乐,爱指挥、爱表演等。这些比较明显的特征,可以让作品比较具有可视性,比较吸引人。因为纪实节目不能虚构生活和人物,所以需要从生活中寻找具有戏剧性或个性鲜明的人物或事件,以最大程度表现生活的丰富多彩。其实生活本身是丰富多样的、充满戏剧性的,但是这些丰富性和戏剧性不是摆在眼前的,而是需要时间去等待、去发现的。选题的独特性、潜在的故事性,是选题之初特别需要注意的问题。

2. **人物要有人际关系。**要成为被拍摄对象的人物,应该有比较丰富的人物关系。每个人应该都有人际关系,创作者要善于发现这些关系,比如《棒!少年》,父母离异或去世,亲戚关系有矛盾或隔阂等,对表现人物性格具有比较好的基础。《归途列车》《劫后》等,父母与子女之间、亲人之间,有一些误解、困惑,这些为人物性格展现及故事的产生提供了比较好的前提基础。《乡村里的中国》里夫妻、父母、子女、邻居等的误解或矛盾冲突等,人物关系比较丰富,容易出故事。

3. **人物有行为动力或情感归宿。**《舌尖上的中国》哥哥上树采蜂蜜,为的是庆祝弟弟上学。外婆蒸年糕是因为一家人的团圆。《劫后》里的老母亲捡垃圾,是因为不舍家园。在前期调研和采访过程中,要善于观察和发现这些行为表象背后的原因和故事,以便在现场拍摄时,抓取到有价值的感人细节。

4. **人物经历要曲折甚至有挫折。**所选取的人物经历尽量能够比较丰富,或者人物正在进行的事情过程中不顺利、困难、曲折或坎坷,以使取材于现实生活的纪实作品具有一定故事性和情节性。《乡村里的中国》的杜忠深买琵琶、学琵琶、表演琵琶,整个事件过程,一

波三折,充满戏剧性。《棒!少年》里的小双、马虎两个少年,在棒球训练过程中,不断发生矛盾和冲突,特别是马虎个性鲜明,桀骜不驯,在融入新的集体过程中,不断遇到各种问题和困难。而在这些冲突、适应、改变的过程中,展现人物的成长历程。

三、获奖作品案例分析:《定格》独特视角开掘主题

关注边缘群体或者弱势群体,是纪录片选题的一个重要方向,历届学生对这方面都非常关注。每年关于残疾人或边缘弱势群体的选题很多,好作品也很多,例如《苇中人》《庇护》《收废品的人》《工地女工》《我和你一样》等。作品《定格》以其巧妙的构思和温暖的主题,打动人心。

1. 作品信息

片名:纪录短片《定格》

时长:8分钟

编导:金天丽、沈钰幸

所获荣誉:获第八届国际大学生微电影盛典二等奖、"领航杯"江苏省大学生数字媒体作品竞赛三等奖、扬州大学传媒文化艺术节优秀作品二等奖。

2. 主要内容

该作品聚焦的是平时常见却又易被忽视的一个群体——孤寡老人。这个选题比较难做,对于没有多少人生阅历的大学生而言,可能显得过于沉重,也可能会比较沉闷,但是作品《定格》巧妙之处在于对主题内容的开掘,不是表现老年人的生病无助或孤独凄凉,而是传递一种温暖。其切入视角也比较独特,影片并没有直接拍摄老人们的生活状态,而是通过志愿者摄影师凌万兵义务给老人拍笑脸照的故事,来深入表达一种关爱和关注。

志愿者凌万兵是一个普通的个体经营者。他生长于苏北农村,做过木匠,跑过长途,最后以卖粢饭维持生计,业余喜欢摄影,也喜欢做公益。2008年汶川地震期间他发起义卖,为灾区捐款。因为其母

亲去世时没有一张合适满意的照片,他便萌生了为敬老院里孤寡老人拍照片的念头。作品《定格》通过一个摄影师公益拍照的善举,展现他个人对老年人的关爱,也传递出一种温暖的人间真情。

图 3-2-1 《定格》截图

图 3-2-2 《定格》截图 与老人分享照片

图 3-2-3 《定格》截图 与老人拍合照

3. 主要特点

（1）戏中戏。作品《定格》构思精妙，营造戏中戏感觉。

创作者拍摄的对象是作为摄影师的凌万兵，在影片创作者的镜头中，凌万兵举起镜头记录老人的笑脸，由此产生"戏中戏"的影像效果，创造出一种故事之外的审美趣味。

（2）适度介入

作品《定格》以纪实跟拍方式为主，影片中没有使用画外音解说，而是采用采访同期声，真实展现现实场景。创作者跟随摄影师凌万兵一起前往敬老院，通过镜头真实记录凌万兵如何调动老人情绪，如何组织拍摄以及如何与老人互动。采用纪实跟拍的方式既能客观呈现他拍摄的过程，又能真实体现他的耐心与关爱之情。

对凌万兵进行采访时，地点则选在其公益工作室，与老人们生活的现实空间形成对比，突出不同空间的区分。采访以其自述的方式呈现，省略掉拍摄者的提问环节，营造一种客观纪实的效果，同时也塑造真实可信的人物形象。摄影师凌万兵自述公益拍摄的原因、经过以及在此过程中遇到的困难，叙述自己的真实感受，也体现出"拍笑脸照"的行为是他主动、自觉的行为,并非心血来潮的一时冲动。温暖而不悲伤,展现积极向上的社会正能量。

  这部作品拍摄制作周期较长,跟拍主人公拍"笑脸照"的行为,完成这样一部"适度介入"的纪实性作品。其间能够将所学知识,例如"边缘"题材、适度介入、人文关怀等拍摄理念去指导创作,是对所学理论知识的具体实践检验,也是对经典作品的"致敬"!对人生、社会以及大师作品的理解,带有这个年龄段的特征,却已是难能可贵。

思考题

1. 什么是选题?选题的原则有哪些?
2. 简述纪实节目选题的主要条件。

第三章 电视节目采访

电视节目采访是电视节目创作者了解、理解客观事物,采集发掘事实信息的调查研究活动。电视采访与报纸、广播采访的区别在于,采集及传递事实信息材料的手段不同。电视节目创作者,将事实转化为立体流动的视频画面和声音进行传播,诉诸观众的视觉和听觉,体现出电视这一电子媒体的传播特性。

电视采访包含两个层面:一是前期采访,即采访者围绕节目内容所进行的相关文字文献、背景资料等非形象素材的采集,也就是为采访而进行的准备性采访。二是现场拍摄采访,即摄像机摄取声画一体的现场采访,包括采访提问、访谈、自然交流等动态过程。

第一节 采访的概念

一、采访

采访泛指一切为了新闻传播而收集新闻素材的调查研究活动。包括前期采访和现场采访两部分。

广义的采访,指对所要表现的事件、人物,做直接或间接的了解、调查或访问,包括背景材料的掌握。

狭义的采访,即在特定的时间和空间内,对被采访对象的直接提问和访谈。也称为现场采访。可分为粗放式和集约式。粗放式,比

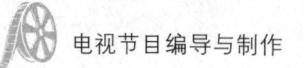

如街头采访,可能比较表面化。集约式,比如面对面采访,就会比较深入。

1. 前期采访

前期采访是在正式拍摄之前,充分获取第一手材料的调查研究活动。

前期采访是选题验证、主题确定的重要手段和基础。一个选题有无意义,意义大小,主题如何开掘,与采访得充分与否直接相关。

前期采访要注意态度和方法。有的要耐心,有的要吃苦,有的要冒风险。总之要有毅力和耐力。前期采访要充分、全面,多角度、多侧面。不能听一家之言。

非导向性采访,指没有具体问题的采访,营造开放性的、无为的、极度自由的谈话氛围,没有导向性,敞开心扉释放情绪。可以谈很深层次的问题,有的像心理访谈。多用于前期采访,因为需要时间比较长。如杨天乙《老头》多数采用非导向性采访,捕捉最真实、自然的生活状态和人物语言。拍摄时间长达3年。

2. 现场采访

现场采访是具有特定时间和特定目的的采访,即在特定时间和空间内进行提问和访谈,是作品内容的主要构成手段。现场采访方式包括内在采访和外在采访。

内在采访是指没有明显的采访环境和形式,采访者变成观察者,被采访者在行为中自然表达。如《彼岸的青春》里金融专业留学生陈晨去吃水饺,与店主人热情聊天;《英与白》里"英"是熊猫不会说话,"白"是驯养员,不爱说话。观察"白"的行为就是一种内在采访,她会及时为熊猫喂食、洗澡等,带它训练,呈现他们之间的默契。

外在采访是指有明显采访空间和形式的采访,采用一问一答的方式。包括静态、动态两种形式,分为保留记者问题的声音和剪掉记者问题的声音两种。

静态采访是指被采访者在静止状态下进行的采访,坐在或站在一个固定位置。比如《彼岸的青春》在陈晨家里,坐下来一对一的采访,镜头是正面特写,他说没有钱是应该的,学生就应该没钱,有钱是不正常的。抹去了记者提问题的声音,只有陈晨自己面对镜头讲述,营造客观真实感。静态采访一般用在专家访谈、被拍摄者讲述重要内容等。给人稳定、从容,信息真实、可靠之感。

动态采访是指被采访者在动态状态下进行的采访,比如被采访者在走路、在跑步、在劳动等,人物一边做事情,一边接受采访。边走边说,边做边说。比如《彼岸的青春》里陈晨一边走一边说他为什么喜欢洗澡,为什么到报社洗澡等等,语言自然、生动有趣。

二、采访准备

"凡事预则立,不预则废",采访之前需要做充分的准备。无论前期采访还是现场采访,都需要采访者有足够的准备,因为是你约人家进行交流,你应该把握访谈的主动性和内容方向。不可以见面会之后,不知道说什么,问什么,这样不仅浪费彼此的时间,也有损记者的专业形象。

1. 生活准备

电视是发现的艺术,面对的是人、社会、历史、自然,再丰富的经历也不可能体会所有的人生,所以对于一个记者或编导来说,需要不断地学习。向生活学习,做生活的有心人,观察、体验和思考。这是一个需要长期坚持的准备,也是一种职业习惯。善于观察生活,做生活的行家里手,不能什么都不会,什么都不懂。《彼岸的青春》呈现的生活很自然、很熟悉,因为导演张丽玲是留日学生的一员。

2. 思路准备

策划好自己要制作节目的内容,根据作品需要进行采访思路准备。比如《彼岸的青春》主题是异国他乡的留学生如何生存、如何坚持梦想,如何奋斗。围绕主题需要表现不同年龄、不同职业人的不同生活状态,这时,每个群体要采访什么内容,需要导演或记者心中有数,有总体把握。对陈晨的采访主要是针对打工与学习的冲突问题,如何理解,如何克服等。李芳作为生病的女生,多侧重生活经济来源及身体状况问题,为什么生病,打几份工,能否承受得住。理清思路,为采访成功奠定基础。

3. 问题准备

问题准备是采访准备的重中之重,是最核心的准备。因为无论前期采访还是现场采访,都需要提出问题,才能进行交流。问什么问题、怎么问都需要准备。

(1) 列出问题清单。哪些是最重要的问题,最需要问的,要做出标记,以免到时遗漏。提前把所有问题排个顺序,把最重要的问题标注清楚。还要考虑可能会出现的情况,如对方不愿意回答怎么办。

(2) 准备问的次序。先问什么,后问什么,怎么问,也非常重要。一般问的次序,先简单后难,先普遍后个性。先开放式问题,后封闭式问题。先用你最近忙什么?你对这件事情怎么看?这些比较开放性的问题,打开局面,热身暖场。然后进入实质性的问题,或随着事件进展进行提问。比如《彼岸的青春》对陈麒的采访,先问来日本几年了,每天睡几个小时,累不累?用比较关心式的拉家常,拉近距离。等陈麒进去面试结束后,继续采访,问他面试紧张吗?有多大把握?和整个片子主题紧密相关,也和当时事件紧密相关。

4. 心理准备

采访是要和被采访对象进行观点以及心理的交流,需要做好心理准备,预想到各种情况。

(1) 有应付各种突发事件的心理准备。做好应对各种困难的心理准备。现场要跟着事件走。比如身体状况、天气、突发事件等,可能会影响采访的进行;比如现场出现很多人围观,出现噪音等外界干扰;比如被采访者心情紧张;比如被采访者心存防范,没有把最真实的内容表达出来,表面化;或者表现夸张,有表演成分等。这些都需要有心理准备,现场进行调整,以确保采访的成功。调整原则就是不急不躁、因势利导、顺势而为。

(2) 准备平静、理性的采访心态。采访者自己首先要理性、放松、亲和、亲切,不要紧张或过于严肃,不要盛气凌人,更不要咄咄逼人。无论面对什么身份的采访对象,都要平视、平静、平和,否则对方更紧张。情绪是会传染的。

三、采访原则与方法

1. 保持中立

采访者是信息采集者,不是法官,也不是解决问题的职能部门,主要任务是把事情的前因后果、来龙去脉搞清楚,不一定做是非对错的判断。尽量尊重客观事实本身。让事实本身说话,让观众自己得出结论。所以好的采访应该理性、客观,保持中立。电视工作者的任务就是记录客观存在的过程,而不是主观地去改变过程。介入过程就有可能程度不同的改变过程,过程变了,关系就要变,命运走向就要变,整个结果可能就要变。

2. 适度参与

采访者可以适度参与其中,以中立的、客观的立场,进行观察、探究,提供多方位了解事物本质的可能。比如《彼岸的青春》在陈晨家里采访,他一边说一边演示他如何防止看书犯困,既不能靠床,也不能靠椅子,生动形象的演示,表明有一个听众在现场,那就是采访者,此时采访者已经参与到被采访者的生活之中,形成比较默契的氛围,才有被采访者生动、有趣、自然的表达。《沙与海》对牧民女儿的采访,姑娘站在家门口纳鞋底,记者和她交流,得知她已经有对象了,但还没有结婚,对象离她家有几个小时的路程。记者最后问:"你想离开这个地方吗?"姑娘很久没有回答,针线也停止了,低头沉思。这时,镜头由全景推向了脸部特写,姑娘复杂的心理全都写在了脸上。记者的适度参与、介入,引发了被采访者的心理情绪波动,展示出更为真实和丰富的信息。

3. 及时追问

采访者需要时刻把握采访的方向和话语主动权。在紧要、关键问题上,不要一带而过,要追根究底,要细问、追问。要随机应变,采访时发生什么事情,没有人能够预测。好的采访,精彩的采访,是不

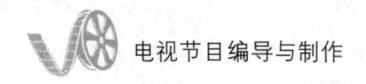

能事先设定出来的。及时追问、把握时机,可能出现意想不到的精彩内容。《彼岸的青春》对陈晨的采访比较成功。陈晨关于有无存款、关于女朋友、夜间无处可去的自嘲等,都很精彩。这些是在自然状态下,追问所得。

第二节　采访注意的细节及作用

一、采访注意的细节

1. 采访环境的选择

最好的采访环境是符合被采访者身份的环境。如果他是工人,就在工厂车间进行采访,如果是农民,就在田间地头采访。不可以把农民朋友硬拉到一个高大上的宾馆里进行采访。符合人物实际,在他们工作、生活的地方,比较自然真实。也许任何地方都可以用来采访,但不同地点本身具有不同的含义,对被采访者的状态也会产生一定的影响。

(1) 办公室:比较职业化、权威化。但是也容易给人紧张之感。在突出表现被采访者身份的时候,可以选择办公室采访。

(2) 公共场所:比较社会化、普通化。没有明显环境要求,或者故意消除环境特点,可以选择公共场所。但是可能环境比较杂乱,外界干扰比较多。

(3) 生活场所:比较个性化、私人化。为了表现人物的生活环境,可以选择这样的场所,比较放松。如采访陈晨、陈麒,都有在家里进行的采访,为的是表现他们在国外留学住宿及生活条件的艰苦。但是一定要征得被采访者的同意,才可以进入家里进行采访。

2. 消除被采访者的紧张感

(1) 采访前。向对方说明来意,请对方放松,不要紧张。用亲切平和的态度说明采访的大概内容和要求;告知在采访过程中可能会提醒、打断。同时在实际采访过程中,要及时表示肯定,点头或竖大拇指,称赞对方,激发表达欲,称赞他有大将风度、见识广等。

(2)采访中。用非语言符号也就是表情、手势等传达肯定态度。眼睛看着对方,表示很愿意听,讲得很吸引人;用点头、微笑等非语言符号的反馈,给予对方支持鼓励。

(3)采访后。可以在结束之后,再问一下有没有要补充的,赞美他、感谢他;说明有可能还会来打扰,下次可以再交流。在眼神和语态中体现你的感谢。

3. 注意编导自身的采访形象

采访是一大堆人际关系的总合,如果被采访对象选择向你敞开心扉,是一种信任和友好的表示。采访者需要注意自身的形象塑造,从着装、表情、语气、姿态等方面,传达专业素养和职业精神。

(1)诚信。给人可信任的感觉,说到做到。信任感、安全感、认同感。

(2)平等。不居高临下,不盛气凌人。无论遇到什么身份的被采访对象,都应该秉持不卑不亢、不妄自菲薄的平等心态。面对名人,要自尊自重,不可化身为迷妹迷弟;面对弱势群体,要友爱,富有同理心,既不可以傲慢,又不可以过分怜悯,而是尊重。

(3)得体。采访者的态度不要太过于热情,也不要过于冷漠严肃,玩深沉耍酷。衣着也要得体,不要过于招摇,也不能过于随便。采访不是服装展示会,也不是选美大赛,着装朴素、整洁即可。

二、采访的作用

除了访谈类电视作品,采访对于新闻类、专题类、纪实类节目也非常重要,具有解释说明、展现性格、推进情节等作用。

1. 解释说明。采访主要的作用之一,是让被采访者自己讲述自己的经历,或者介绍事情的来龙去脉以阐述自己的看法观点,等等,这样比较具有可信度。《彼岸的青春》采访几个留学生,让他们自己介绍来日本多少年,每天睡几个小时,打什么工,收入够不够用等。

比如柳林的堂兄介绍为什么非要柳林打工刷碗,就是让他体会到国外留学是从哪里开始的,要懂得奋斗,也许柳林会恨他,说他没有人情味,但是宁愿他恨,也要让他成长。从而使整个作品的主题比较清晰,表达异国他乡的青春奋斗。采访当事人,让当事者自己说出故事,增强可信性、真实性。

2. 展现性格。采访过程中,被采访者说话的神态、语气,包括所说的内容等,会塑造和传达出一个人的性格特点、精神气质。比如陈晨语速比较快,说话风趣,展现出乐观、开朗、幽默的性格;陈麒则比较沉默,性格内敛、含蓄;柳林则阳光、温暖、踌躇满志;女生李芳虽然柔弱,却很能吃苦,坚定执着。

3. 推进情节。采访的进行,可以推进作品内容的展开。围绕人物、主题展开,前后呼应。比如陈晨拖着全部家当,在24小时咖啡店里寄宿,因为他得罪了报纸的发行部,报社开除他,让他搬家。采访原因的同时,也推进后续事件的发展,他怎么办?如何写论文,如何毕业?留下悬念,也展示人物生存的艰难。

三、采访在作品中的呈现方式

采访在作品中如何使用,放在什么位置,放多长时间,都要根据作品内容的需要而适当安排。记者提问的声音或者出镜形象,也可以选择放或不放在作品中。

1. 结构全片。通篇用采访贯穿,采访承担着整个作品的叙事结构作用。比如《忠贞》大量运用采访,把志愿军战士被俘的过程,在美军集中营受到的残害,以及归国生活等经历展现给观众。在这里采访成为唯一可利用的叙事手段。

2. 共同叙事。与事件共同承担叙事,把采访融入事件的进程之中。比如《广东行》第一集《开放市场》,运用大量同期声采访,阐述开放市场、实行市场经济的必要性和重要性。

3. 局部叙事。采访作为一个细节,承担局部叙事功能。如《舟舟的世界》采访乐队指挥,采访话剧表演家等,是和舟舟被周围人友善对待的同期声一起共同叙述,表现舟舟生活的世界为什么充满善意。

四、获奖作品案例分析:《幸福是什么》采访贯穿全片

全篇都用采访作为手段的作品,在现实创作中比较有难度。一是因为问题可能不太吸引人,流于一般,出不来想要的效果;二是全片都用调查采访,表现手段比较单一,容易造成单调枯燥之感。所以学生选择这个类型的比较少。但只要是努力去尝试,就能得到驾驭采访能力的锻炼。《幸福是什么》是其中比较成功的作品。

1. 作品信息

《幸福是什么》,时长 8 分 44 秒,编导陈云龙、郭迪;获得扬州大学传媒文化艺术节优秀作品二等奖。

2. 主要内容

向"真理电影"致敬的作品,问题也延续了那个经典问题,你幸福吗? 只是稍加改动,变成"幸福是什么?"全片采用采访调查的方式,在街头、公园、商场门前、学校等公共场所,随机拦住行人进行突击式采访,多数被采访者还是比较愿意接受采访的,没有出现《北京的风很大》那时的抵触和不友好等情况。年龄从幼儿园小朋友到老人,身份从大学生、研究生到捡垃圾的人,男女老幼全覆盖,体现出这个时代比较全面的信息。被采访者的回答,也是千奇百怪,小男孩说"幸福就是我有爆丸",女大学生说"幸福就是可以和男朋友在一起",中年人说"幸福就是股票涨多一些"等,具有鲜明的时代气息。

3. 表现特点

(1) 采访者出现在观众面前

采访者不再刻意隐藏自己,而是拿着话筒出现在被采访者面前,也出现在观众面前。观众可以看到他们的衣着、相貌、神情,他们也构成作品的一部分。这和注重观察、不介入的"直接电影"完全不同。

(2) 保留采访环境生活气息

采访者在街头、公园、商场门前等公共场所,随机采访,清晰地呈现完整的生活信息。不加修饰,没有摆拍,自然而然,生活真实呈现。丰富的时代气息、多义的生活内容被完整保留,这也是这种类型作品的魅力所在。

这个作品信息量大,有鲜明的时代气息,也完整保存了丰富的生活气息,是一次非常宝贵的创作实践,使学生对"真理电影"类型电视作品的创作,对采访的运用有一个切实的体验和了解。

思考题

1. 什么是前期采访?有哪些作用?
2. 采访注意的细节有哪些?
3. 简述采访的原则与方法。

第四章　电视节目拍摄

一个电视节目或者电视作品，只有好的创意，有充分的前期准备，还不能成为可见的具体作品，这中间有一个重要环节就是拍摄，只有通过现场拍摄，才可以把美好的蓝图逐渐变成现实。拍摄相当于采集食材，越丰富、越新鲜，越有利于后期烹饪制作美味佳肴。

第一节　画面语言的主要元素

电视节目是视觉与听觉结合的艺术。画面是立体流动的影像。画面语言的构成有自己的规律和要求。电视画面的主要元素，包括构图、景别、角度、运动、光线、留白等。

一、构图

构图是画面语言的基础。构图是指为了表现某一特定的内容和视觉美感效果，将镜头画面被表现的对象以及摄影中的各种造型因素有机地组织分布在画面中，以形成一定的画面形式。也就是画面中出现的物体如何进行安排摆布。

（一）画面构图的基本原则

构图是为了表现作品的主题思想和美感效果，在一定的空间，安排和处理人、物的关系和位置，把个别或局部的形象组成艺术的整体。构图的目的在于增强画面表现力，更好地表达画面内容，使主题鲜明,形式新颖独特。主题突出,意图明确,具有形式美感是构图的基本要求。

1. 明确画面主体

要对画面中的主要对象进行突出表现。图 3-4-1 这个画面构图,是要表现咖啡的拉花造型,一架古代的马车,非常古雅,与古色古香的杯碟相映生辉,文物与美食、艺术与生活、过去与现在,相融在一起,传达一种独特的艺术美感。

图 3-4-1　构图　主体

2. 巧妙运用陪体

陪体,也就是主体的陪衬物。可以利用前景、后景、对比、衬托等,引向主体,突出主体。可以进行创造性地选择、配置陪体,使画面主次分明、层次清晰,形成严谨而又流畅、优美而又精致的画面语言。

图 3-4-2 这个画面构图,要表现的主体是莲花形状的雪糕,但是用了后面的小桥流水作为陪体,进行烘托和陪衬,使画面变得生动鲜活,具有夏日的清凉之感。

图 3-4-2　构图　陪体

3. 注意主体的环境氛围

主体所在的环境也非常重要。图 3-4-3 中主体是走在操场上的学生,这个画面比较突出环境,表明是在学校的操场上进行队列展示,而不是在大型运动场馆里,也不是在大马路上,这对观众理解主体有很大帮助。

图 3-4-3　构图　环境

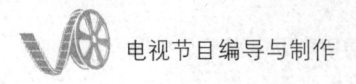

4. 留白和均衡

图 3-4-4　构图　留白

留白是指画面不能太满,要适当留出想象和透气的空间。图 3-4-4 的主体是红色枫叶,落在雪上面的枫叶。画面并没有让枫叶铺满画面,而是前面有一片白雪的留白,红白对比,显得红叶更加娇艳,也使得画面灵动有活力。

(二) 构图的几种方法

1. 中心构图

中心构图是将主体放在画面的中心位置,是比较常用的构图方法。这种构图方式的优点是能突出主体,而且能够找到画面平衡点。

图 3-4-5 属于中心构图法,鲜艳的花朵居正中央,鲜明而突出,令人印象深刻。

图 3-4-5 中心构图法

2. 水平线构图

水平伸展的直线,可以让画面看起来比较宽阔、稳定、和谐。比如地平线和水平面,将两个空间分隔开,给人更多的想象空间。

图 3-4-6 水平线构图法

水平线居于什么位置,视具体情况而定。如果天空云彩比较艳丽,可以多拍天空;如果云颜色单调,可以多突出地上的景物,多拍地面。如果想拍水面或湖面镜面倒影的感觉,可以将水平线放在中间,增强对称感。

图 3-4-6 属于水平线构图法,以湖水为参照,把树木、亭台、远处的宝塔,放在画面水平线的中间,将湖水与天空均匀分开,树木倒映水中,给人一种幽静之美。

3. 框架式构图

框架式构图,利用前景框架产生遮挡,增加画面的艺术美感。当作为前景的景物与主体有区别度时,通过前后景的明显对比,更能突出主体,使人从更加新颖的角度去观察事物,让普通的风景变得与众不同。

图 3-4-7 框架式构图法

图 3-4-7 属于框架式构图法,把花窗作为框架,也作为前景,把后面绿树、亭角框在里面,形成独特造型,让普通的风景有了别样美感。

二、景别

景别是指被摄主体在画面中成像面积的大小或者呈现的范围。景别是由于拍摄距离和镜头焦距的不同所造成的不同取景范围。景别的划分，一般可分为五种，由远至近分别为，远景、全景、中景、近景、特写。景别越大，环境因素就越多，主体也就不那么明显，而景别越小，画面呈现就少，越注重细节。不同的景别，可以使画面呈现不同的效果，从而增强画面的表达能力。

1. 远景。远景是景别中视距最远、表现空间范围最大的一种景别。主要表现远离镜头的环境全貌，展示主体物及其周围广阔的空间环境。远景拍摄时，主体物体显得较小，背景占主要地位，画面给人以整体感，但不容易看清细节。

图 3-4-8　远景

远景通常用于拍摄有气势的大环境，例如雄伟的高山、峡谷和草原，或者是现代都市的俯拍大场景。远景的作用，可以全方位地展示自然景观，多用于段落的开头或结尾。

2. 全景。全景拍摄的拍摄范围会比远景略微小一些。但是全景主要突出画面主体的全部面貌，所以相对于远景来说，全景画面会有一个比较明确的视觉中心。全景主要用于拍摄带有丰富背景的人物全身像或者外形完整的景物。全景的作用,表现空间场景,以场景的全貌为主体,可以明确表现场景的结构特点。场景中含有人物的全景,可以明确展示人物与环境的关系。容纳较多的视觉形象,展示形象之间的关系。全景一方面能够交代被摄主体的所有状况,另一方面还能呈现主体和环境之间的关系,在叙事、抒情或交代环境上无可替代。

3. 中景。中景的取景范围比全景紧凑,相对更突出主体本身,对于背景和环境仅仅是有限的交代。典型的取景比例是半身人像。表现主体的大部分。表现人膝盖以上的大半身。中景的作用,属于正常的观看,既不极目远眺,也不凝神细看。着重于表现人物上半身的动作,也提供相对清晰准确的信息。图 3-4-10 中景,人物的表情、衣领以及手上的相机,都看得比较清晰,比图 3-4-9 全景,更容易引导人的视线集中到人物的手部上,能更清楚看到相机以及手的姿势。

图 3-4-9　全景

图 3-4-10　中景

4. 近景。近景更强调拍摄主体的局部,这个局部一方面应该是主体最具特征的部分。近景比全景、远景、中景更加强调主体细节,典型的构图案例是人物胸像,不仅能看清人物的长相,甚至能觉察人物微妙的眼神和表情。近景的作用,可以近距离地观察人或物,表现人物的动作姿态、人物的面部神情以及内心世界展示。图 3-4-11 近景,已经完全看清楚人物的面部表情,似乎是略有所思的状态,也看到人物端起相机的姿态。

图 3-4-11　近景

5. 特写。特写是比近景更加突出局部特征和细节的景别,很多特写画面都不会带入背景和环境。表现人或物的某个局部。特写的魅力在于表现比人眼日常所见更多的质感和肌理,比如人物的五官和肌肤纹理、植物的花蕊和叶子的筋脉等。特写的作用,可以细致入微地观察人或物的细部,深刻揭示人物的内心世界或某一物体更深层的含义等。图 3-4-12 是琼花的特写,把花的形状、颜色、花蕊、花瓣的肌理等,表现得比较生动。

图 3-4-12　特写

三、镜头的运动

1. 推镜头。是被摄物体不动、摄像机沿直线由远而近向主体推进所拍摄的连续画面,起到引起注意的作用。推镜头是在影视拍摄中比较常用的一种手法,主要利用摄像机前移或变焦来完成,逐渐靠近要表现主体对象,使人感觉一步一步走近要观察的事物,近距离去观看某个事物。可以表现同一个对象从远到近的变化,也可以表现一个对象到另一个对象的变化。这种镜头的手法运用,主要是为了突出拍摄对象的某个部位,从而更清楚地看到细节的变化。比如观察一个饰品,从人物通过变焦看到饰品特征,也是应用推镜头。

2. 拉镜头。是被摄物体不动、摄像机不断远离主体事物所拍摄的连续画面,起到突出环境的作用。拉镜头与推镜头正好相反,它利用摄像机后移或变焦来完成,逐渐远离要表现的主体对象,使人感觉正一步一步远离要观察的事物,远距离观看某个事物的整体效果。可以表现同一个对象从近到远的变化,也可以表现一个对象到另一个对象的变化。主要突出拍摄对象与整体或环境的关系,把握全局。比如两个人物在拥抱的近景,拉开之后显示出环境,他们是在大街上,有一种解密的效果,表现送别,突出人物与环境的关系。

3. 摇镜头。是摄像机位置不变,摄像机镜头改变拍摄方向所拍摄的连续画面。相当于上下左右环视。摇镜头也称为摇拍,在拍摄时摄像机不动,只摇动镜头做左右、上下等运动,使人感觉从对象的一个部位到另一个部位逐渐观看,就像常说的环顾四周。

4. 移镜头。为跟随拍摄对象的左右移动拍摄的画面,造成一种流动感。边走边看。移镜头也叫移动拍摄,可以将摄像机固定在移动物体上,做各个方向移动拍摄运动的物体,产生连续移动效果。也可以肩扛摄像机,将拍摄画面逐步呈现,形成巡视或展示的视觉感受。可以将一些对象连贯起来加以表现,表现出逐渐认识的效果,使主题逐渐明了。一般看画展多用移镜头拍摄。

5. 跟镜头。是摄像机跟随运动主体前后移动拍摄的画面。跟在前或后面看。跟镜头也是影视拍摄中比较常见的一种方法,它可以很好地突出主体,表现主体的运动速度、方向及体态等信息,给人一种身临其境的感觉。

四、镜头的角度

在摄影时,不同的拍摄角度不仅对拍摄主题的表达有着重要作用,而且对完成优美的构图也有重要作用。不同的拍摄角度,有不一样的画面表现。一般来说,拍摄角度分为仰视拍摄、俯视拍摄、平视拍摄三个角度。

1. 仰拍。仰视拍摄,就是指在拍摄时,摄像机的拍摄位置低于被摄体,形成从下到上的拍摄角度。低于被摄物,向上拍摄。表现高大雄伟的气势。也可表现惊险、奇特的氛围。

采用仰视角度拍摄,可以使被摄体在画面中表现出高大、宏伟的形态,同时也会增强画面的空间立体感和视觉上的冲击力。而对主体进行仰视拍摄,还可以起到舍弃画面中杂乱的背景,使画面简洁,主体得到突出的作用。

图 3-4-13 仰拍

图 3-4-14 仰拍

2. 俯拍。俯视拍摄，就是指在拍摄时，摄像机的拍摄位置高于被摄体，形成从上到下的拍摄角度。这种拍摄方式可以让更多的元素进入到画面中，有一种纵观全局的视觉效果。高于被摄物，向下拍摄。表现壮阔的景象，空间感强，俯拍大场面、大江大河等。在山顶，利用俯视角度拍摄层峦叠嶂的大山，视野可以更加宽广、深远，以至群山峻岭都可以呈现在画面中。利用俯视角度拍摄人物，由于近大远小的关系，使人物在画面中产生头大身体小的效果，可表现压抑、抑郁的情感。

图 3-4-15 俯拍

3. 平拍。平视角度,是指我们在日常生活中最常接触的视觉角度,而利用平视角度拍摄的画面,也最符合人眼的视觉习惯。与被摄物在同一水平面上。一般地平线在画面中间,天地各半。善于对称构图。如拍人或物与水中的倒影。

图 3-4-16　平拍

课后作业:

1. 拍摄画面

(1) 运用景别,拍摄一组画面。(远、全、中、近、特)

(2) 运用运动技巧,拍摄一组画面。(推、拉、摇、移、跟)

(3) 运用角度,拍摄一组画面。(仰、俯、平)

2. 分析《微观世界》《幼儿园》运动镜头的运用及作用。

第二节　拍摄的基本原则

一、黑、白、光、近、法,是摄像机的调节因素

"黑"指黑平衡调节,以保证黑色场景的正确还原;"白"指白平衡调节,以保证白色场景的正确还原。黑、白平衡调节的最终目的是实现色彩的忠实再现,其原则是"动光之后先调白"。"光"指光圈环调节,以保证影像的正确曝光,有自动、手动和即时等调节方法;"近"指近摄环调节,以满足一定范围内的近摄需要;"法"指法兰环调节,也称后焦距调节,当发生非人为的"焦点漂移"时,调节此环以确保聚焦精确。

二、聚、变、跟、移、虚,是焦距的调整技巧

"聚"指聚焦,一般采用"目标特写聚焦法",即拍摄前,推成特写进行聚焦,然后拉开成所需的景别,进行拍摄。"变"指变焦,即焦距在一定范围内连续变化。转动变焦环或扳动 W—T 按钮均可实现变焦。"跟"指跟焦,即焦点始终跟随运动的被摄体,以保证其清晰。跟焦一般遵循近顺远逆、近快远慢及焦点前置的规律。"移"指移焦,即运用景深原理,实现视觉中心或表现重点的虚实转换。"虚"指虚焦,即整个画面一片模糊,没有一处实焦,营造一种朦胧美和意境感。

三、扛、托、抱、举、拎,是执机姿势的类型

"扛"指肩扛式,其中立姿肩扛式最常用的,优点是画面自然、调度灵活,讲究"三紧贴",即肘部紧贴身体、脸部紧贴机身、眼睛紧贴寻像器。"托"指托举式,机动性高,适用于便携小型机,但画面易晃动。"抱"指怀抱式,结合立、蹲、跪姿使用,能降低机位,适宜拍摄局部特写。"举"指举升式,可抬高机位,适用于大场面或主体被遮挡的情况下拍摄,一般采用短焦拍摄以求稳定。"拎"指提拎式,机位可降到很低,利于"移跟"拍摄运动目标。

四、平、准、稳、匀、清,是电视摄像的基本要领

平、准、稳、匀、清是摄像机操作的基本要求,也是摄像师的基本功。

"平"的拍摄要求:利用好画面的框架,遇到水平的事物时,将它和画框上下边缘平行,遇到垂直的物体将它和画框的垂直线平行;遇

到背景有明显的图案或背景有线条做参照时,要使图案平整、对称;拍摄过程中注意身体的姿势,尽量保证身体的端正,若使用三脚架,调节好云台;有良好的画面平衡意识,尤其是在运动摄影过程中,注意保持连续的平衡。

"准"就是拍摄过程中画框能始终跟住画面主体,并且让它稳定在画面中的一定位置,还包括起幅、落幅、景别的准确。拍摄要求:运动物体的拍摄,摄像师应该做到无论主体怎样运动,都能让它准确清晰地保持在画面中的一定位置;在运动摄像中,画面的起幅、落幅要准确、果断,要求起幅要有比较准确的构图,摄像机运动的过程中要用眼睛的余光判断落幅的位置,当画幅的边框到位时,立即停止。

"稳"就是指电视画面要平稳,运动画面要流畅,不要无缘无故抖动。拍摄要求:摄像机要停得稳当,特别是在拍人物的中近景时;画面稳定还指起幅、落幅要从容,固定一段时间后再运动;长时间拍摄时尽量使用三脚架或利用其他东西依托;在跟拍、跟摇时尽量使用广角镜头;在一些纪实性节目的拍摄中,也应该有良好的获取稳定画面的意识。

"清"指清晰,也叫实,应力求图像清晰,照度适中,聚焦精确等。

五、静态构图

摄像机在相对静止的情况下,焦距、机位、光轴都不动,去拍摄处于相对静止状态的对象,比如无生命的处于静止的建筑物、山峰、田野等,或有生命的处于相对静止状态,没有明显的运动,如人物仅仅有上身的手势、语言交流,而没有明确的空间位置移动等,这种形式的画面构图就是静态构图。

(一) 静态构图的特点

1. 画面中各构图要素空间位置、关系相对固定,视觉信息的传达比较具体;

2. 画面的视觉形象多追求一种雕塑感、稳定、凝固;

3. 画面内部的节奏较为缓慢,在蒙太奇段落中,节奏的变化主

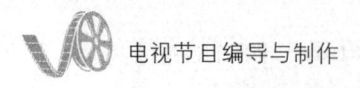

要依靠景别变化和剪辑频率来控制。

（二）静态构图的拍摄

1. 统筹兼顾画面构图的各个成分，尤其是对于主体的选择和表现。要尽量突出主体，为主体选择恰当的景别和在画面中适当的位置，选择合适的前景、陪体、背景来衬托说明主体，点明主体所处环境的基本特征等。

2. 注意借助主体的线条、形状、色彩、质地等形象特征，在每一幅画面中既追求自身的个性，又注意使每一组画面中的各个画面之间互相呼应，使每一幅画面在这个蒙太奇段落中各司其职。

3. 尽量遵循形式美的原则，充分考虑构图的对称、平衡、透视等因素，尤其是光线和影调的应用，增强画面的美感。

4. 注意对于镜头时间的控制，一般来说根据镜头的景别来安排，没有特殊需要的话，远景镜头一般不长于6秒，特写不长于3秒。

六、动态构图

动态构图指的是由于摄像机或被摄对象的运动，使得画面内视觉形象的构图组合及相互关系连续或间断地发生变化。动态构图一般分为三种情况：

1. 被摄对象处于运动状态，摄像机是静止的，属于画面内部的运动；

2. 被摄对象处于相对静止状态，摄像机是运动的，这是画面外部的运动；

3. 运动中的摄像机去拍摄运动中的被摄对象，这是画面内部运动和外部运动的结合。

（一）动态构图的特点

1. 信息的扩展性。

2. 叙事的情节性。如人物画面中的运动，反映心理变化过程等。

3. 视觉的运动性。无论是被摄对象还是摄像机的运动，都具有一种运动的韵律美,这种运动感对于节奏的形成有着积极的意义。

4. 画面的开放性。

(二)动态构图拍摄的基本要求

以静止的摄像机拍摄运动的对象这种情况,即画面内部的运动为例:

1. 设计好人物运动路线。人物是做横切画面运动、对角线运动还是纵深运动,对于观众的视觉效果和情感体会有不同的作用。如做横切画面运动,视觉上是一种"擦身而过"的感觉,客观性强;纵深运动的感觉则是人物走近或远离观众,主观性强;对角线运动则能较好地展现运动姿态,强化运动感。

2. 设计好人物运动的前后位置。人物在画面中运动达到的前后位置也是镜头的起幅和落幅画面,是一个镜头中的重要部分。一般构图的要求是把人物前后位置都放在画面中的视觉中心点上,这样起幅和落幅画面都比较规整和谐。

3. 设计好人物的入画与出画。人物进入画面和离开画面,可以增强画面的表现力,渲染悬念,也便于镜头与镜头之间的流畅组接。

4. 运动物体运动时注意镜头焦距的变化,保证运动物体始终处于一个清晰的状态。

七、获奖作品案例分析:《瘦西湖上的船娘》画面静美

1. 作品信息

《瘦西湖上的船娘》,9分钟,编导汤灏、孙伟。

获得四川国际电视节金熊猫奖入围奖、江苏省"领航杯"大学生数字媒体作品竞赛三等奖;中国高等教育学会影视教育委员会优秀电视作品二等奖。

2. 主要内容

《瘦西湖上的船娘》主要表现大学生船娘马悦一天的工作。从清晨上班,整理游船、等游客,到载着客人荡漾在湖面上,一面讲解,一面唱扬州小调。画面优美,解说词古雅有内涵,穿插马悦自己的采访,讲述对船娘工作的认识,用情景再现呈现她过往的经历,真实而又具有艺术魅力。

3. 主要特点

(1) 画面优美。

画面构图具有艺术感。开头第一个仰拍竖摇五亭桥的镜头,如盛开的莲花一样美丽。伴着悠扬婉转的扬州小调,传递出视听艺术美感。接下来仰拍桥洞,特写波光,特写摇橹,特写碧水,一组精美的特写画面,传递出惊艳的自然美感。站在高处大俯拍黄色游船从莲花桥穿过,如一叶扁舟,镜头空灵、写意。体现出创作者对镜头的掌控能力和艺术审美能力。

特写镜头具有控制作用,吸引人注意,提供注视与联想。不像全景镜头是主观镜头,可以随便看,自由选择注视的点。特写有强调关注的作用。适度且恰当地运用特写,可以增加作品的感染力。

图 3-4-17 《瘦西湖上的船娘》截图

(2) 情景再现。

用黑白转色、用演员扮演,来表现主人公马悦当时应聘及初学摇橹等过去的情景,与彩色现实形成反差,营造艺术美感。

(3) 解说词有文采。

解说词古雅而颇具文采,与画面相得益彰。有古诗词的引用,也有对人物、对景物的描写,颇具诗情画意。比如:"扬州好,入画小金山,高跨五亭桥。烟花三月,漫步于瘦西湖畔,但见几步一柳,好似绿雾般的柔媚,更有万紫千红点缀其间,万般诗情尽显。"最后写道:"人们对瘦西湖上船娘的期许从未停止。期许她们拥有清秀的容颜;期许她们略懂诗情,能解画意;期许她们与瘦西湖的盛景相得益彰。然而真正能够承载这份期许,背后的艰辛却是人们所忽视的,优雅与从容的背后,是数年间不变的真挚与不懈的坚持。"

这部作品,文笔细腻古雅,镜头优美饱满,与主题意蕴相得益彰。作为年轻学子,能够对古典园林有如此理解和影像呈现,是专业素养与勤奋努力的共同结果,体现出对"拍摄技法"较为深刻的理解和把握。

思考题

1. 什么是景别?景别的特点及作用有哪些?
2. 简述不同拍摄角度的特点与作用。
3. 简述静态构图与动态构图的特点与区别。

第五章　电视节目剪辑

剪辑是电视节目后期制作的流程之一,它是决定电视节目质量的一个关键环节,处于电视节目后期制作的核心地位。镜头在组接之前,只是一些零碎的片段,是剪辑艺术与技术的巧妙融合,使之具有叙事传情的生命力,创作者的思维才情和美学追求渗透其间。剪辑之前,剪辑者一定要熟悉节目宗旨,一定要准确把握编导思想和创作意图,紧扣节目风格,在形式、内容上,选择合适的剪辑手段。对于后期编辑来说,形式是为内容服务的,要与节目的结构、形式以及内容、主题达到有机统一。无论节奏、情绪、动作,还是选择剪辑点,后期剪辑过程中一定要遵循客观规律,符合事物发展逻辑性以及人们的思维习惯。

第一节　定题与开题

一、定题

从素材中确定要表现的内容及主题。不要着急剪片子,要先看素材。而且要仔细看,看出门道。进入剪辑之前,先看素材。把素材看清楚,看明白,才能"下剪刀"。怎么样才算看明白,就是从素材中能够找到一个主题,一条主线,甚至一个题目。看素材的目的是为了确定剪辑的方向,定题目、定主题、定角度。从哪里发现主题或题目呢？

1. **从细节中提炼。**从一大堆不同时间、不同地点拍回来的素材中，找出剪辑的主题，比较难，需要耐心，要从细节中寻找。比如一个拍摄脑瘫患者的作品，被拍摄者已经丧失行走能力，说话也口齿不清楚，但是非常要强。素材里经常出现他用不太清晰的语言说"不要管我，我自己来"。这个细节包含非常丰富的内容，体现出他不服输、不愿意给别人添麻烦的心理，也是他内心想要和正常人一样强烈渴望的表现。所以题目一下子就有了，"我和你一样"。题目有了，主题有了，角度也有了，所有和这些相关的行为、语言、动作都可以剪辑进来。包括早上起来笨拙地自己刷牙、洗脸、艰难地摇着轮椅进教室上课学习，课后和同学交流，艰难地一字一句朗诵诗歌献给父母，和伙伴一起外出秋游，唱《朋友》等，没有卖惨，没有愤世，也没有回避和消沉，而是洋溢生命的尊严。

2. **从核心词中提炼。**比如《香港十年》，内容很多，主题角度也有很多，怎么选？找香港十年间最核心的关键点是什么，是"变与不变"。十年中什么变了，什么没变？一下子就通了。围绕变与不变，去选择素材，组织素材。

3. **从人与环境关系中提炼。**比如《舟舟的世界》《最后的山神》《德兴坊》等一大批作品，从人与环境的关系中提炼主题。舟舟的世界是与众不同的，不是充满歧视和偏见的，而是充满关爱、理解与包容。舟舟人物的刻画，也就从围绕他的各种人物关系展开。不是居高临下的同情与怜悯，而是平等、尊重与欣赏，甚至是提供帮助。

4. **从独特性中提炼。**比如《一个狙击手的独白》，表现的是一个特级英雄、劳模，他的职业也非常特殊，神秘、危险、保密。他没有朋友，甚至失去女朋友。他心理素质非常高，但是孤独、寂寞。他不善于在外人面前讲话，不接受采访，也没有在现场活动中说话的同期声。那怎么办？剪辑采用内心独白的方式，以他自己的口气，用第一人称角度，自言自语式的解说词，表达所需要的内容，一下子，全部可以串起来，自然、真实且深刻。

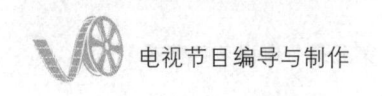

二、开题

如何进入主题？要重视时间的概念，要重视节奏。开篇，也就是片子的第一个或第一组画面。进入剪辑之后，第一个问题就是开篇。第一个画面、第一组画面是什么？第一印象非常重要，开篇一定要精彩，所谓先声夺人。一般结构采用凤头、猪肚、豹尾。开头要像凤凰的头一样美丽，为什么？因为电视是视听结合、时间与空间结合的艺术，电视是时间前提下的空间艺术，而且电视首先是时间艺术。电视一秒等于 25 帧，这是一个时间单位。如果没有一秒一秒的时间，画面展示的空间就无从存在。时间一帧帧流过，影像随之而存在。时间艺术重视节奏、重视开篇。电视节目的开篇，不可以像文学一样铺垫、绕圈子。而要把最精彩的内容放在开篇。《望长城》的开篇是一声呐喊，"你在哪儿"，寻找长城，非常吸引人。《藏北人家》开篇是一组藏北高原风景画面，美不胜收。现实中，有的作品开篇 3 分钟还不知道讲什么，或者知道讲什么，但不好看，画面不精不准。作品评奖时 3 分钟看不懂或留不住，就没机会了。开篇非常关键。

三、标题

标题是对作品内容的高度概括，是篇章的眼睛。要亮、要标注清楚。

标题的基本原则：

1. 内容：准确、通俗、明了。标题一定是对作品内容的概括和表达。比如《跑酷即生活》《瘦西湖上的船娘》《活着》《劫后》《舟舟的世界》《英和白》《舌尖上的中国》《藏北人家》《沙与海》《北方的纳努克》《当卢浮宫遇见紫禁城》，这些标题都非常清晰、明白、准确地表达了主题。不然就是文不对题。

2. 字数：不要太长。表达主题内容，不能太啰唆，要精练。单行不超过 8 个字。简洁凝练，高度概括。如《跑酷即生活》，表现一个热爱跑酷的青年，如何带领团队坚持跑酷的故事。学生开始不知道起什么名字,后来根据初片里主人公说,我没有什么爱好,除了跑酷,生活中没有其他内容时,就有了"跑酷即生活"的名字,准确又简练。

3. 字体:电视是视觉艺术,标题的字体设计非常重要。要端庄、端正。隶、宋、楷都可以用。字体要摆放正,尽量不要斜侧。

4. 字号:标题的字号也要得体,大小适中。太大铺满屏幕,或者太小看不清楚,都不可取。

5. 颜色:标题颜色一般选用纯色或单色,比如红、黄、蓝、白、金,不要用五彩斑斓的混合色,少用浅绿、粉色。不能给人信息杂乱的感觉,不能干扰观众对主题的理解。

6. 衬底:标题可以放在一个画面上,也可以放在黑屏上。画面内容要与标题相符。如《藏北人家》,衬底画面是远山、草地和帐篷,有藏北高原家的感觉,河流与毡房,紧扣"人家"主题。

7. 时长:标题是作品主题的概括,具有引导观看的作用,所以要让观众看清楚,看明白,记得住,一般至少停留 3~5 秒,甚至更长一些,不能一闪而过,匆匆忙忙。

8. 位置:一般居中。大标题一定要放在一个醒目且重要的位置,一定是 C 位,而不是角落里,或者看不见的地方。

9. 出字方式:简单、平静、舒缓,尽量不要花哨。尤其是新闻、专题等节目,除非少儿节目。

第二节　视听化主题

电视节目是要用视听语言呈现作品主题,而不是用文字字幕介绍主题。要充分发挥画面、声音即视觉听觉语言的作用,能用画面、同期声讲清楚,就尽量少用长篇大论的文字解说。

一、深入理解镜头的特性

只有很好地理解电视镜头语言的特性,才能很好地使用和利用

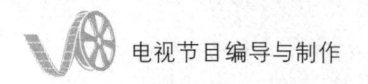

电视镜头。电视镜头具有如下特性：

1. 记录性。电视镜头具有与生俱来的记录性，拍摄下来的内容是对所见事物的真实记录。可以真实地显示人或物的存在方式，是什么形态、颜色、状态等；记录人或物的运动方式，包括直线、曲线、快慢等；记录人或物与环境的关系，是单独个体还是群体等信息。如《微观世界》表现微小的昆虫，非常清晰生动。

2. 不确定性。画面中一男一女两个人在窃窃私语，二者是什么关系，不确定。只有靠声音、文字来确定。比如说话的内容、身份的字幕，可以确定他们是师生、姐弟、父女或其他等。画面本身不具有确定性，需要声音、文字的辅助，也就是说电视语言是综合艺术。

3. 选择性。镜头拍摄什么，本身就是一个选择的过程，大千世界，包罗万象，观众看到此处而不是彼处的景物，是创作者选择拍摄的结果。创作者选择自己熟悉或者喜欢或者被要求的与主题相关的场景、人物、事件进行拍摄。比如《活着》，拍摄在四川地震中失去独子的中年夫妻为再生孩子而苦恼奔波的故事。他们的孩子在地震中遇难。片子开篇画面是妻子拿着孩子小时候的衣服，一件件丢在河里，以示纪念。伤心之后，是为了再生一个孩子的努力。这个故事比较特殊，反映人在自然灾害中的无助，因为创作者的选择，观众看到地震之后普通人的生活。

二、景别镜头的使用

景别包括远、全、中、近、特。每个景别都有自己的作用和价值。要深刻的理解，才能很好地运用。远景表现广大的范围和环境，特写表现人或物的某个局部。所以远景具有民主、开放、可选择的特性，因为画面内容比较多，可以选择看其中一个，也可以看全面，包容性比较大，一般用在作品或段落的开头、结尾，起交代环境的作用。特写则因为突出强调某个局部，所以具有强制性、封闭性和悬念性，用来转场、渲染情绪等。

剪辑如果用全景、远景、中景、近景、特写的顺序组接画面，给人一种由远及近了解事物的感觉。比较规范，但也可能节奏比较慢。如果用两级镜头，也就是全景＋特写，省去中间过渡镜头，节奏则比较快。需要根据作品内容需要确定剪辑节奏的快慢。

三、运动镜头的运用

运动镜头可以增加画面的流动感、运动感，但是用起来要适度，不可以从头到尾都是运动镜头。切记出现无目的反复推拉镜头，象"拉风箱"，或者反复的左右摇拍，象"刷墙"。这些都是运用不当的效果。需要对运动镜头和固定镜头的特性和作用进行了解。

1. 运动镜头的作用

（1）表现空间。比如《航拍中国》展现祖国壮美山河、辽阔疆域。

（2）表现关系。比如《苏园六记》对墙内园林的摇摄，表现闹市与园林的关系。

（3）表现氛围。比如《微观世界》，对昆虫打斗的急推急拉的运动拍摄，营造紧张的气氛等。

2. 固定镜头的作用

（1）提供信息量。稳定的中近景画面，可以展现行为、动作、表情的细节。提供大量准确信息。比如《彼岸的青春》里柳林到超市买肉，全景用来交代超市环境、物品、人流等。中近景则让人看清肉的价格、柳林看手里的钱包、面部犹豫的表情等。中景采访他说，这里肉便宜一些，有肥有肉比较合适，蔬菜比较贵，黄瓜200元一根。固定画面，中近景，看清事物细节，提供大量准确信息。

（2）创作节奏。固定镜头一般时间比较短，如果几个短的固定镜头接在一起，就显得信息比较大，节奏比较快。如果是在一个地方推拉摇移都拍一通，时间比较慢，节奏就缓慢下来。

（3）制造悬念。固定特写镜头设置悬念。比如枪的特写固定镜头出现，下面就要有开枪的画面，要有呼应。

总之，运动镜头高大上，固定镜头接地气。气氛营造与落地生根，要相互依存，相互辉映。《香港十年》运动镜头对餐厅环境的展

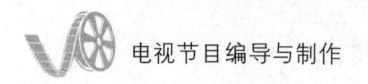

示,《微观世界》运动画面对紧张氛围的营造,《活着》交代人物生存的环境等,运用比较得当。

一般固定镜头和运动镜头的比例:7∶3

10(镜头)＝7(固定)＋3(运动)

7(固定)＝2(全景)＋5(中、近、特写)

四、同期声的运用

同期声也叫有源音响,是指来自现实生活,并源自电视画面自身形象的客观声音。是拍摄画面同时同步记录的现场人声或自然环境音响。主要包括拍摄对象的叙述、记者的现场提问以及环境的现场音等。具有真实性、权威性、可信性、感染力。新闻或专题类节目的同期声如何使用,要根据内容需要去用,且一次不可太长。

1. **内容要有针对性**。不能把采访的素材全放在片子里,而不加选择,否则不仅占用宝贵的时间,也不说清楚。应该事先听一下采访的内容,选择一段最合适的内容,放在合适的画面段落。切忌一个人坐下来,说半个小时,不着边际。

2. **分割使用**。一次一个观点,简明扼要,短而密集,分而说之。一次采访可以分开使用,专题类、纪录类,一次使用一般 10—20 秒,一次一个观点,一次最多不能超过 60 秒。电视访谈类节目除外。

3. **刻画性格**。人物自己的声音比解说词有感染力。《俺爹俺娘》里父亲背诗,与母亲开玩笑等同期声,刻画出父亲的豪爽性格。《香港十年》人物采访精炼、简短、有内容。《彼岸的青春》陈晨的采访同期声,说爱吃水饺,爱洗澡等,体现出他风趣、乐观的性格。

五、解说词的运用

解说词是对电视画面内容进行解释、补充和说明的文字,在电视节目里以声音的方式出现。

如果是专题片,可以先写解说词,然后依照解说词去拍摄画面,这样比较有针对性,但画面也容易缺少连贯性及逻辑性。

如果是纪实节目，一般先剪画面形成初片，然后根据需要再写解说词。这时的解说词起到补充、说明、延展深化主题的作用。解说词曾经注重情感抒发，比较具有文学色彩，后来注重客观性。如果解说词用不好，也会造成割裂画面内在逻辑、破坏真实性等问题。解说词怎么用？如何写呢？

1. **解释性语言要多。**人物身份、年龄、职业等画面看不出来的信息，可以多做解释，越准确越详细越好。比如《彼岸的青春》对留学生李芳患有心脏病、曾经被母亲抛弃等个人经历的解释说明就非常必要，这些是画面无法表现的内容，通过解说词进行补充。

2. **描述性语言要少。**人物情绪、状态、表情等可以从画面中看到的内容，尽量少说，且客观中立。比如画面中出现陈晨走路去找吃的地方，就不需要解说词说"他兴奋地走""快乐地跑"等，观众自有判断。

3. **拉近距离。**解说词可以在时间上、距离上、心理上和观众拉近距离。过去的事也要从现在说起；比如《香港十年》解说词说，今天是香港回归十年的日子。别处的事也要从这里写起，比如《藏北人家》说，这里是他们每天祭神的地方。把远方变成"这里"。电视是现在时态，需要找历史与现实的关联，把历史变成现在。比如《雨花台》，从烈士曾经读书的学校，寻找烈士入学时的照片开始进入主题。

4. **从具体写到抽象。**解说词可以把具体个体升华成精神意义。比如《藏北人家》写道：

忙碌了一个早晨，酥油从奶中分离了出来。酥油是牧人用来抵御恶劣气候的重要食品，又是祭祀和生活用品，牧人们十分珍惜酥油，往往把储存酥油的多少看成财富的标志。措纳家一年大约能生产五六十公斤酥油，除了交售少量的给政府，其余归自己支配。

5. **从事实写到理念。**解说词还可以从事实写到观念。比如《藏北人家》写道：

天边出现曙色。挪佳来到帐篷的一角，这里是他们每天祭神的地方。在一个简易的香炉上，放上几块牛粪火，盖上松枝，再撒上一点儿糌粑面，一股淡淡的香味便弥漫在草原清晨的空气中。这是藏北牧民特有的一种祭神方式，他们用这种方式来祭奠自然和神，祈求这一天平平安安地过去。

六、音乐音响的运用

音乐可以增加感染力、抒发情感、塑造人物、增加信息量。比如《俺爹俺娘》里对父母的怀念，用催人泪下的音乐，起到非常好的抒情作用。但是也不可以过度使用。音乐运用需要注意以下几点：

1. **不可以从头灌到尾**。一个音乐不能从头至尾放，如有采访同期声时，也加音乐，就会产生多种声音互相干扰的现象，观众听不清楚，也无法分清主要和次要信息，会感觉比较乱，比较满，不透气。

2. **版权意识**。最好创作专门的音乐，如《舌尖上的中国》《话说长江》等。

3. **可以续接**。一个段落的音乐不够长，可以复制续接。比如《藏北人家》。

七、画面剪辑的基本规律

电视新闻节目编辑，或者电视节目编导，在节目的后期制作中，都必须遵守一些根本的规律和法则，遵循画面的基本组接逻辑，比如"动接动""静接静"等剪接规律。它规定在确定剪接点时，要保证前后镜头中的主体在剪接点上运动状态的一致，或者拍摄方法在运动状态上的一致。剪辑往往以不同镜头中动作姿态的造型、节奏类似的部分为剪接点，以达到和谐的转换。

1. 动接动。指在运动镜头中、人物形体的动作中切换镜头，如上镜头是摇摄，在未摇定时切换到另一个摇摄镜头上，而且摇的方向、速度接近，衔接起来的效果就比较流畅，观众会随着镜头摇动，自然地从一个环境或景物过渡到另一环境或景物。"动接动"更多是在人物的形体动作中切换镜头。如人发怒时拍桌子的动作，在电影里往往就是上下镜头的剪接点，即上镜头手举起，下镜头往下拍。

2. 静接静。指在一个动作结束后或在静场时切换镜头，切入的另一个镜头又是从静到动。"静接静"多是转场时运用，即上一场结束在静止的画面上，下一场又从静止的画面开始。静接静可以省略过程，紧凑剪辑，即同一动作内容可通过镜头的转换来省略其间不必要的过程，而仍然保持动作的连贯流畅。

3. 无技巧转场。需要了解画面内在规律，不借助特效手段，让画面自然衔接。

（1）相似性因素转场。利用事物之间存在众多的相似性关联。寻找上下镜头之间相同或相似的主体形象，比如物体形状相近，位置重合，运动方向、速度、色彩等方面具有一致性等，以此来达到视觉连续、转场顺畅的目的。比如，上一个镜头是在果园里采摘苹果的近景，下一个镜头可以用挑选苹果的特写，把下一个场景换成农贸市场，表现苹果价格以及销售情况。实现场景从果园到农贸市场的转换。巧妙运用上下镜头的相似关联，减少视觉变动元素，符合人们逐步感知事物的规律。

（2）承接因素转场。根据因果关系进行转场。上一个镜头是射击的画面，下一个镜头就可以是打中的靶子。上一个镜头是投篮镜头，下一个镜头可以接进篮画面，也可以接落地在别处的画面，实现转场。

（3）遮挡转场。遮挡是指镜头被画面内某种形象暂时挡住，借机转场。比如上一个镜头是主人公走在大街上的镜头，前景闪过的汽车，可以在某一片刻挡住其他形象，下一个画面可以换成另外的场景，主人公可以坐到咖啡馆里了。当画面形象被挡黑或完全遮挡时，一般也都是镜头的切换点，可以用来表示时间地点的变化。

（4）声音转场。用音乐、音响、解说词、对白等与画面的配合实现转场。利用解说词承上启下、贯穿上下镜头的意义，来实现转场，这是电视编辑的基础手段，也是转场的惯用方式。利用声音过渡的和谐性自然转换到下一段落，其中，主要方式是声音的延续、声音的提前进入、前后段落声音相似部分的叠化。利用声音的吸引作用，弱化了画面转换、段落变化时的视觉跳动。比如火车笛声进入，下一个画面就是一列火车。

（5）主观镜头转场。主观镜头是指借人物视觉方向所拍的镜头。用主观镜头转场，是按前后镜头间的逻辑关系来处理场面转换问题，它可用于大时空转换。比如，前一镜头是人物抬头仰望，下一段落可能就是所看到的场景，甚至是完全不同的人或物，诸如一组建筑，或者远在千里之外的父母家人等。

（6）空镜头转场。是指用没有文字的场景转场，如田野、天空或过往的汽车。其功能是描写人物心理，渲染气氛，提供情感表达空间，表现时间、地点、季节的变化，以满足叙事的需要。如群山、河流、田野、天空等，这些镜头转场，既可以展示不同地理环境、景物风貌，又能表现时间和季节的变化。

电视节目制作是一个复杂的系统过程，需要耐心毅力，更需要专业知识技能。需要不断地实践尝试和探索，逐步做到小我与大我的结合、技术与艺术的结合、形式与内容的结合，创作出具有艺术品质、文化含量、人文情怀的电视作品。

第六章　经典作品分析

第一节　专题片《本色》

一、选题紧扣时代

一群戎马生涯的老党员从战场返回乡间,军功章陪伴他们隐于乡野,从容走过余生。当年入党扛枪一片赤忱,又在硝烟散尽后回归平凡。他们正在以不可抗拒的速度告别世界,消亡成珍贵的背影和墓碑。于是一群热心的摄影人和电视人,持续四年时间持之以恒地把镜头对准了这些质朴的老党员,抢救性地拍摄大量珍贵的影像资料,留下一笔珍贵的精神财富。

2007年11月24日,济南市青少年宫组织流动音乐厅活动,到革命老区莒县夏庄镇举办《红色影像》放映,慰问当地参加过抗日战争、解放战争的400多位老党员。在演出之后,同行的几位摄影家发现,在这样一个看似普通的乡镇竟然聚居着437位新中国成立前入党的老党员,这在全国并不多见,于是他们想用镜头记录下这些逐渐被人们遗忘的老人,进一步深入到他们家中为他们拍摄照片,留下珍贵记忆。这些老党员的本色,也由此在一张张胶片上定格。在场的电视台随行记者敏感地抓住这一题材,开始跟踪拍摄,于是有了纪录片《本色》。

夏庄这些老党员生活简朴,心态平和,对曾经的战火硝烟的岁月心怀自豪和骄傲。对此摄影家们非常受震撼。他们都是有过赫赫战功的人,参加过抗日战争和解放战争,革命成功之后,又回乡务农,一直到现在过着平凡朴素的生活。他们当年入党的动机都非常单纯,却也非常感人,是为了打鬼子,为了不受压迫,为了让老百姓过上好日子,为了搬走三座大山,为了解放全中国,为了为人民服务。这样400多人规模的老共产党员群聚在一个村子,在整个中国都非常少见。与此同时,他们又以加速度的方式离去,两年时间就有100多位老党员去世,因此,记录他们成为一个与时间赛跑的工作,也是为历史存像的神圣的有价值的工作。

《本色》用镜头记录下山东省莒县夏庄镇400多位新中国成立之前入党的老党员的生活,这些从战火中走来的参与缔造新中国的功臣,质朴到看不出一丝昔日的光华。纪录片用老人们真实的行为和话语,回答出一个核心问题,即他们的本色是什么?是民族危亡时的挺身而出,是社会责任的勇于担当;是不甘人后的上进心和对美好生活的向往;是淡定从容、知足常乐的人生态度。这些老党员所呈现的"本色"价值观,在当今社会显得弥足珍贵。正因如此,创作团队在深入生活实地采访时,才知道想要什么,才知道怎样去选择。怀着对老党员的崇敬,怀着对真善美的追求,他们用客观的镜头去挖掘老人们的生命故事,呈现老党员身上闪光的人性光辉,这是当今社会迫切需要的精神食粮。

二、主旋律内容表达"生活化"

主旋律作品更应该讲究艺术性、故事性、可视性与感染力,这样才能被人们接受,才能达到预期效果。纪录片《本色》的主张就是要贴近生活、真实生动、感动人。30分钟的片长,典型的解说+画面模式,有解说词,有现场人物同期声,有采访,有音乐,用生动鲜活的人物、语言、行为、故事,展现老党员的革命传统与本色。

出于对社会主流价值观和革命传统精神价值的挖掘和呈现,《本色》记录了山东省莒县夏庄镇一批新中国成立之前入党的老党员,记录这些从战火中走来的农民,这些参与缔造新中国的功臣,质朴无华、淡泊名利的生活现状和精神风貌。拍摄初期的 2007 年年底,夏庄镇共有新中国成立之前入党的老党员 437 位,一个普通的乡村小镇竟然聚集居住着这么多老党员,不能不说是一种罕见现象。为什么会出现这种现象呢？打开山东省地图,便可以找到答案。莒县的夏庄镇与山东"小延安"莒南县的大店镇仅一河之隔,这两个镇在 1940 年以前都属于莒县。新中国成立前,大店镇曾经是八路军 115 师司令部的驻地(1941 年)和山东省人民政府所在地(1945 年),是抗日战争与解放战争时期的红色根据地,罗荣桓、朱瑞、肖华、陈光、谷牧、黎玉等革命家曾经在这里战斗和生活过,这些老一辈革命家像街坊邻居一样,用自己的言行举止感染着身边的每一位群众。正是因为直接受到了共产党的感召与影响,这里的普通百姓参加革命的热情和人数比其他地方多。

专题片《本色》呈现摄影家第一次进村拍摄的时间是 2008 年 1 月,广播里播出的信息是"中组部发布最新统计数据,截至 2007 年年底,全国党员人数为 7 415.3 万"。画面是摄影家为老人们拍各种生活照片。解说词是,摄影家们准备用 2 年时间对 437 位老党员进行寻访。采访的第一个问题是：为什么入党？回答是：为了革命；为了不受压迫；为了打鬼子；为了解放全中国；为了过上好日子；为了为人民服务；为了搬走三座大山。这些曾经出现在革命书籍或者领导口里的话语,出自一群 80 多岁满脸沧桑、衣着简朴、生活在农村的老人之口,带给人们巨大的心理反差和心灵震撼。如果这些老人不说话,静静地待在那里,和普通农村老人没什么区别。但是一旦他们讲述自己的入党故事以及曾经的战斗经历,立刻就会让人肃然起敬,他们也由此焕发出生命的光彩。老人们对党的忠诚、勇于牺牲、甘于奉献的精神,体现在他们朴实无华的话语里,体现在艰苦朴素的生活里,体现在对荣誉的捍卫里,体现在面对镜头自然而然的歌唱里,体现在平凡如水的生活里。当他们饱经风霜的脸上展开笑容,用沙哑甚至有些干涩的声音高唱《国际歌》《沂蒙山小调》时,他们的革命乐观主义精神穿透人心,感人至深。

三、独特视角与丰富细节相结合

(一)"戏中戏"视角独特

《本色》拍摄的是摄影家为老人们拍照片,类似于戏中戏,视角比较独特,也比较视觉化、戏剧化、生活化,具有贴近性,容易产生共鸣。片子一开始介绍拍摄缘起,因为几个摄影家给夏庄村放革命电影,发现平凡普通的一个小村子竟然有437名老党员。摄影家决定为他们拍照片。影片以进村拍摄的时间先后顺序为线索,寻访老人,引出老党员们的故事。悬念、故事性比较强。用电视机里的画面、广播里的声音,作为段落划分和转场,连接现实时空与艺术空间,串接历史与现在。采访的第一个问题是为什么入党?第二个问题是入党以后干什么?回答是打鬼子;打仗;磨米磨面;做衣服做军鞋。画面是他们的采访特写,独轮车特写,战争年代老人推着独轮车去参军打仗,现在推向农田。老人展示身上腿上的伤疤,展示奖章,回忆那段艰苦岁月。第三个问题是现在还有什么要求?回答是没有要求;挺好的;不愁吃不愁穿;同志们帮助我、照顾我,很好,我喜得不得了。通过摄影家为老人解决入党时间即党龄问题而四处奔走,为老人们拍金婚婚纱照等行为事件,展示老人们对荣誉的捍卫,对党的忠诚,对战友的热忱,对生活的热爱,对人民的奉献,这些都是通过摄影家拍摄这一视角,得以展示与传播的。纪录片摄像师拍摄摄影家,戏中有戏,视角新颖独特。

(二)细节生动、丰富、感人

如果一部作品的结构是骨架,那么细节就是血肉。《本色》用生动、丰富、感人的细节,塑造一个个本色老党员的形象。数字细节:老党员们心胸开阔,心态平和,长寿者比较多。作品逐一详细展示他们的年龄、名字、入党时间。93岁赵长信1944年入党;88岁薛彦娇1942年入党;93岁赵海军1940年入党;92岁赵佃华1944年入党;

91岁郭桂周1944年入党;94岁张秀友1944年入党;99岁苗文路1946年入党。生活细节:81岁的李振华还能生龙活虎地打拳;81岁的曹瑞英老人,还能拐腿跳秧歌;81岁的老村支书还能一口气挑水回家。99岁的苗文路老爷子,是夏庄年龄最大的老党员,身体很好,思路清晰,有摄影家和他聊天的同期声。他的儿子80岁了,也是老党员。2008年春节,摄影师为老人家拍全家福,同期声五世同堂,60名家庭成员中,党员11名。拍全家福的生活细节比较温馨感人。2009年国庆节,恰逢新中国成立60周年。镇里安排老党员们到最好的影楼拍婚纱照,纪念他们的钻石婚。82岁的田香廷老人从来没化过妆,更没拍过婚纱照,甚至没拍过照。给田香廷老人擦口红时,她害羞,说结婚时都没抹抹,想擦掉。这个细节很温馨美好。老人们很开心,很自然。语言细节:老党员把荣誉看得高于一切。87岁的左兴美老人,为了弄清是1945年还是1946年入党,去邻村找一起入党的其他三位老同志,给她做证明,把她的党龄恢复到1945年。摄影家也和她一起奔走。组织部虽给她发放了困难补助,却没能给她落实党龄问题。老人反复说,"不是为了钱,而是为了荣誉",这话发自肺腑。老人的生活很艰苦,但是把荣誉看得比钱重要。回答为什么入党时,老人们说"为了革命""为了不受压迫""为了打鬼子""为了解放全中国""为了过上好日子""为人民服务"等等,语言简短而语气坚定。问有什么要求时,回答说很知足,说现在的生活"比过去大地主都强",话语朴实生动。82岁的赵英武到村外打泉水,一口气担回家,身体很好。他曾做过村支书,现在儿子赵世刚通过选举也当上了村支书。儿子计划旧村改造,需要拆迁一批房子。他的房子正好也在拆迁范围里,他说"痛痛快快地搬,不搬成绊脚石了"语言生动形象。音乐细节:82岁田香廷老人在自家炕沿上唱《国际歌》,"起来全世界的奴隶",另一空间89岁的赵洪勉接着唱"全世界受苦的人,满腔的热血已经沸腾,要为真理而斗争",接下来是音乐《国际歌》,画面是老人们生活的画面,很震撼。老党员们始终觉悟不变,本色不改。仍然在一定范围内,力所能及地参加组织的建设和管理。与《国际歌》音乐相配合的画面是老党员们捐款、参观、到烈士陵园看望战友等。2010年春节期间摄影家再次来村里拍照片,老人们唱《沂蒙山小调》,"人人都说沂蒙山好,沂蒙山上好风光",接下来是放歌曲《沂蒙山小调》,画面是老人们苍老的脸特写,一张张老人的脸。他们是一群本色的人,是沂蒙山一道红色的晚霞。共和国成长的道路上有他们刚毅的脊梁,关于红色的信仰始终燃烧在他们的骨髓。字幕细节:开头满屏字幕,介绍夏庄村有多少党员;中间每个党员的年龄、入党时间;两年内离去的老人名字(用飞烟的效果);最后老党员的现有状况字幕。2007年年底,夏庄还有党员437人,但至2009年两年来有100多位老党员相继过世,其余老党员们也年事已高,加速度离世。一系列细节的呈现,更加凸显出纪录片拍摄工作的紧迫性和价值所在。

(三) 巧用外界声音结构、转场与抒情

"声音"是作品感染力所在。与两维造型的画面相比,声音作用于三维空间,具有独特的效果和魅力。《本色》前期录音纯净而有厚度,后期的音效写意抒情。特别是电视、广播、歌曲等声音的运用,起到引领、渲染、抒情的艺术效果。巧妙运用电视、广播、画外音乐等声音,增加作品吸引力、感染力。一共用了4段电视、广播的声音。第一段即片子的开头,2008年1月,广播里播出的信息是,"中组部发布最新统计数据,截至2007年年底,全国党员人数为7 415.3万",引出拍摄者对老党员们生活现状的寻访。第二段,2008年5月,电视里声音是汶川地震的消息,引出老人们虽然自己生活艰苦,却依然为灾区捐款。第三段,2008年8月,电视的声音是介绍奥运会情况,引出的是老人们为荣誉而奔走,解决党龄问题、拍婚纱照等生活细节。第四段,2009年12月,广播里的声音,中组部下拨6 669万元用于慰问生活困难的党员和老党员。引出现实中老党员们实际生活的困难,然而老人们却一致表示对组织没有要求,很满意。片中最精彩的是《国际歌》歌曲的运用,先是82岁的田香廷老人唱"起来,饥寒交迫的奴隶",接着是89岁的赵洪勉老人唱"全世界受苦的人,满腔的

热血已经沸腾,要为真理而斗争",然后接入音乐《国际歌》。他们唱出的带有乡音的歌词和稚拙的唱法,显示出当年歌曲传唱的真实情况和歌唱者的认真与热情,传递出记忆的变奏与力量,透露出一种质朴纯净的美。歌曲《国际歌》的运用,引发记忆、抒发情感、震撼心灵。作品用画外声音与音乐,形象展示出老党员们就是循着这歌声的召唤,推着车子,相互搀扶,蹒跚走过峥嵘岁月。如今他们积极参与民主生活,为灾区捐款捐物,做着自己力所能及的事。现在80多岁的老人们,再一次"立正"的时候,弯曲的脊背虽然再也不能挺直,但老党员身上的巍然正气,依然让人肃然起敬。

本色的开头由一段活动照片的影集所引出,讲述在一个普通的小镇居然居住了几百人的老党员,由此摄影师们决定要记录下这些老人的"本色"。由此引发了这部宣传主旋律的纪录片的创作意图。

开头的精心设计,最突出的就是画外音的设计,画面拍摄夏庄的老人们在农作,但是画外音是收音机所播放的党员统计数据的播报,非常贴切。摄影师们决定挨家挨户拍摄老党员,说明了在本纪录片,不仅有主体党员,还有陪体摄影师。他们在整部片子中起到了穿针引线的作用,他们的介入,使整部片子活起来、动起来。两者来构成整部片子。整部片子的基本性质属于"访问式"与"格里尔逊式"相交叉的制作方式,不仅以摄影师通过访问拍摄下来的老党员的心声,而且作为一部宣传主旋律的纪录片,解说词的"直接宣导"作用也是非常重要的。整部片子展现了老党员们如今的生活样貌,同时中间穿插着许多摄影师拍摄的党员照片,更好地增加了片子的实质内容。

摄影师为苗文路拍摄五世同堂的照片,展现了党员精神的传承生生不息。同时将家里几位党员做了介绍,通过他们的讲述,对当初在党里做的工作也有了一个基本的了解。引出了当年的峥嵘岁月,抗日战争。许多的党员家里珍藏着军功章、奖状以及证书,最引人注目的是身上所留下来的战争的印记。这些都是时代的烙印,永远无法磨平,这些党员并没有忘记自己曾经的荣誉,他们仔细小心地保存着属于他们的荣誉,却没有对人民,对国家索求过什么。住在泥土堆砌的房屋里，他们也没有一句抱怨，在老党员的心目中，那段光荣的历史不过是人生历程中的一个精彩片段，他们不想把这段经历当成向党组织、向社会邀功请赏的资本。虽然没有拍摄到轰轰烈烈的大事，但是现在这样平淡的生活，不正是老党员的"本色"吗？

《本色》重视人物细节的捕捉。细节是最有魅力的信息，《本色》非常重视人物细节的捕捉，比如，给老党员拍钻石婚纪念照的时候，化妆师为82岁的田香廷涂抹口红，田奶奶羞涩的表情仿佛回到了遥远的少女时代。《本色》的音效合成也可圈可点。前期录音纯净而有厚度，后期的音效写意抒情，起到的是渲染、烘托的效果。片中最精彩的要数《国际歌》唱起的段落，非常有感染力，老党员们的脊梁虽然是弯的，但是让我们看到了高昂的爱国精神。

主题在平淡的生活中不断升华。这些老党员已经远离战场很多年，看起来和普通的农民没有什么不同。在拍摄中，导演并没有将这些老党员当年的英雄事迹作为主要的拍摄对象，而是重点拍摄了他们的平淡的生活。但是在平淡生活中，在遇到事情的时候，他们做出的举动又是不平凡的，所做的事情无愧于一个党员的身份。而这也是老党员们真正的"本色"，是给我们的巨大精神财富。主题得到了升华。

老党员的不断离去，让结尾沉重感人。结尾处，导演将不断离去的老人名单滚动在屏幕上，如果不及时将这些老人记录下来，这些老人将快速离我们而去，他们的故事也将永远遗失。表现出这种"抢救性拍摄"的重要性和紧迫性。

这部作品在选题方向、主题提炼、镜头语言、叙事节奏、同期声音乐声音运用、剪辑技巧等方面，都有很多值得学习的地方。

第二节　微纪录片《如果国宝会说话》

2018年伊始,一条来自远古的留言引起了人们的关注。留言来自由中央电视台纪录频道制作的百集纪录片《如果国宝会说话》,第一季25集在视频网站上播放量超过100万,被称为"纪录片里的一股清流"。100件国宝跨越八千年历史,用"年轻态"话语方式述说古人的创造力,从新石器时代到宋元明清,从中原凌家滩到古蜀国,带领观众走遍祖国大好山河,用文物讲述历史,用历史追溯文明,用文明演绎传承,让曾见证中华文明辉煌的文物真正"活"起来。

一、选题内容:精要解读国宝自身之美与价值

2018年的《如果国宝会说话》在选题以及主题的把握上独具匠心,立意上有所创新和突破。导演选择一个全新的视角,如果《我在故宫修文物》意在关注文物与今人的关系的话,那么《如果国宝会说话》则重在用今人语言讲述文物与古人的关系,即着重于文物本身,这使《如果国宝会说话》成为一部以今人视角"解读"远古文物、用文物讲述历史故事的纪录片。在这里文物是独一无二的主角,360度全方位呈现其自身蕴含的深厚文化内涵。《如果国宝会说话》展现的100件国宝,都是精挑细选的绝世佳作,是代表一个时代工艺水准的经典之作,每一件精美文物的背后都蕴含着一段绕不开的历史和不可忽视的文明的萌发。人头壶是一件来自新石器时代的文物,是一件盛液体的容器。人头与壶浑然一体,头微微扬起,象征人类最初的凝望,上扬的嘴角,清秀的眉目,修长的鼻梁,刻画了一个鲜活的仰韶文化时期的孕妇。壶背后伸出一根断面呈扁圆形的管道,向壶内注水,眼睛和嘴巴则流水,好似女性的眼泪,象征着人类孕育的痛苦,描绘出仰韶文化时期人类的面容及母系社会对人类繁衍的重视。人头

壶所散发的时代信息与艺术气质,令人惊艳与惊叹中国古人的智慧和艺术才华以及中华文化的灿烂辉煌。而外表呆萌乖巧的虎符,则有一段惊心动魄的关于"符合"的故事,具有调动千军万马的力量,"符"到军令到,"符"合军令行,体现出中国古人的勇气、智慧与保家卫国的责任担当。一百件文物讲述一百个文物故事,也讲述一条延绵不断、清晰精彩的中华文明历史长河。

二、视听表现:精美诗意与灵动

电视艺术是视听结合的综合艺术,视听要素包括镜头、文字、声音,三者构成电视艺术作品的语言系统。《如果国宝会说话》将视听艺术用得精美、精炼且充满诗意与哲理。纪录片《如果国宝会说话》没有综艺节目的舞台化、表演化,也没有传统长纪录片的自然跟拍与铺排叙事,而是以精短篇幅、精美画面、精彩解说以及恰如其分的音乐音响等视听语言,营造精致、精湛、吸引人的艺术效果。

精美的画面来自精益求精的创作追求和精湛的技术。夏代晚期三星堆青铜神树,有三层树枝,每一层又分三根旁枝,每一个枝头上站立一只太阳神鸟。自1986年在三星堆遗址出土后,修复团队花8年时间将其拼接完成。神树的拍摄也成为一个耗时耗力的难题,难点在于,近4米高的神树被圆形玻璃罩住,无论从哪个角度拍,只要一打光就会反射,拍出来的素材完全没有美感。出于文物保护,玻璃罩不能拆除,为了能够最好地呈现神树最美的形态,摄制组采用数字扫描技术,运用三维动画与实拍相结合的方法,精美呈现神树的气质和灵魂。数字动画的运用,准确传神又兼具时代、时尚气息,符合年轻人的审美需求。导演大量运用简短鲜明的动画来诠释文物的历史背景。比如在介绍"刻辞骨柶"时,一段画风可爱的甲骨文动画还原了一个商代男子的一天,"人"字插上发簪就成了"夫",这是他可以担起家庭的证明;出门打猎时,"夫"双手摆动又形成了"走",生动简洁的动画镜头,形象呈现出"人"的一生,给人带来精美、精致的艺术享受。新技术的运用和视觉化的呈现,使今人通往来自远古国宝的路,不再遥远和冰冷,让国宝变得鲜活生动,充满生命活力和灵气。

三、解说词惊艳与诗意

在技术与精美镜头之外,纪录片《如果国宝会说话》的解说词,与短小篇幅相呼应,呈现出简短、凝练与诗意的特点。如第一集人头壶的"六千年,仿佛刹那间,村落成了国,符号成了诗,呼唤成了歌""初生如光芒照耀,死亡如黑夜降临,人类一次次发出疑问",这些凝练的语言传递出悠远意境,富含诗意和哲理。在诗意之外,有时又会呈现出当代流行的"呆萌"气息,"你有一条来自国宝的留言,请注意查收""国宝留言持续更新,请注意查收",也会用给旁白加速播放的方法营造一种既"呆萌"又灵动的气质与风格。这些解说词文稿少则600字,多不过1 300字,字虽少却几经修改,有的甚至修改超过20遍,正是字字推敲,句句斟酌,造就精美独特解说。

叙述语气多元与灵活转换。《如果国宝会说话》的国宝"会说话",而且会变换人称与语气说话,先是用第二人称,提醒所有观众"你有一条来自国宝的留言,请注意查收",后用第三人称旁白,讲述国宝的来龙去脉和历史故事。如虎符一集说道,战国时代战火频繁,军情紧急,稍有闪失就可能殃及城池。山高水远,没有现代通信手段,君主就是靠虎符传达军令,为了保密,虎符通常设计成小巧隐匿的造型,实现"账户"与"密码"的有效对接。这样的语言表达,灵活生动又亲切可感,拉近远古与现代的距离。国宝被赋予人的情感和灵魂,变成有生命的精灵,它们身上承载着工匠的巧思、历史的厚重、主人的寄托,它们体内有不同的灵魂在激荡,在诉说,演绎着或悲、或喜、或残酷的故事。

四、传播方式:精微精准与全媒体联动

微传播是以微博、微信等自媒体为媒介的信息传播方式,是一种去中心化、裂变式、多级传播,传播信息碎片化,借以实现自我表达、人际交往以及社会认知的需求。微传播的核心特征是"微",传播内

容"微小",一句话、一个表情、一张图片,一个微视频;传播体验是"微动",简单的按键操作、鼠标点击。但看似微小的微传播,却集合了自我传播、人际传播、互动传播、大众传播的所有形态和优势,具有强大吸引力和传播效果。微纪录片《如果国宝会说话》也采用"微"传播的方式,吸引年轻人和更多受众。运用微信、微博、微视频网站等,满足受众差异化、个性化表达,即时分享媒介需求。短小精悍的分集设置,精致而微的纪录小视频,适合互联网时代碎片化的传播特征。

《如果国宝会说话》体现了"微"传播的"微"时长,每集仅5分钟,不需要投入太多时间成本,可以高效利用碎片化时间。以简短精练的语言,选取文物身上的一个小点,"小文物"展示"大文化"。5分钟视频集艺术性、写意性、故事性、历史知识性与娱乐性于一身,用现代技术架起古今交汇的桥梁,从容优雅展示中华优秀传统文化。

《如果国宝会说话》也采用全媒体多屏互动联合传播方式。将传统媒体与新媒体连接在一起,大屏、小屏、多屏连接,多渠道运营互动。信息碎片化自媒体时代,受众兴趣点与信息接收方式愈加多元多变,单一、定点、传统营销方式效果有限,必须全媒体联动、互补共振。"充电5分钟,穿越8 000年"的网感化营销口号,按播出节奏,有针对性地制作推出国宝表情包、国宝百科图片、朋友圈10秒小视频、国宝金句盘点等多类型营销物料,无缝对接央视纪录频道地铁创意广告和特色营销活动,全方位、无死角让国宝走进大众。"笑得像6 000岁孩子""厉害了我的祖先"《如果国宝会说话》官方卖萌笑cry趣味稿件,积极拥抱潮流文化,注重与年轻人互动,既有传统媒体的深度报道,又有微博活动、微信软文、创意营销图等"短平快"信息即时扩散,强势助推《如果国宝会说话》纪录片品牌,助推中华文化深入人心。

上能仰望星空索引文明,下能花式卖萌俘获大众。《如果国宝会说话》内容精要、制作精美、内涵与网感齐飞的独特气质,成为微视频在新时代创新发展的典范,用影像传递中华文物之美、文化之美、文明之美。正是源于对中华民族优秀文化的自信与热爱,《如果国宝会说话》用创新与匠心，打造精美视听盛宴，让中华文脉绵延不息、触手可及。

这部系列微视频，选题弘扬传统文化，解说词精美有内涵，镜头精致有冲击力，剪辑紧凑精准，是值得学习借鉴的优秀作品。

第三节　纪录片《无穷之路》

2021年2月25日，习近平总书记向世界庄严宣告，中国脱贫攻坚取得全面胜利。距离2013年11月，习近平总书记首次提出"精准扶贫"以及2015年11月，党中央颁布《中共中央国务院关于打赢脱贫攻坚战的决定》，明确提出脱贫攻坚总体目标要求，不到8年时间，832个贫困县、近1亿贫困人口全部摆脱贫困。2022年10月16日，习近平总书记在党的二十大报告中再次强调指出，"我们坚持精准扶贫、尽锐出战，打赢了人类历史上规模最大的脱贫攻坚战……历史性地解决了绝对贫困问题，为全球减贫事业作出了重大贡献"。

作为"生存之境""国家相册"的纪录片，在不同历史时期发挥塑造及传播国家形象的重要作用。脱贫攻坚纪录片呼应时代发展，把握历史脉动，聚焦现实生活，用纪实影像，向世界讲述中国脱贫攻坚动人故事，展现中国政府和中国人民为解决人类面临的共同问题所贡献的中国智慧、中国方案和中国力量，塑造新时代中国国家形象。

一、新时代中国国家形象的纪实影像呈现

12集纪录片《无穷之路》由香港无线电视台2021年制作，以主持人陈贝儿的媒体人视角，实地探访10个最具代表性的极度贫困村落，穿越崇山峻岭、荒漠戈壁，用参与式深度体验方式，纪录国家精准扶贫政策性下普通百姓摆脱贫困的鲜活故事。作品播出后反响热烈，观众感叹内地扶贫工作的艰辛伟大。《无穷之路》被誉为"年度国

内纪录片黑马""近年来国内扶贫题材影视作品力作"。2022年主持人陈贝儿也因为此片荣获"感动中国年度人物"。

《无穷之路》精准讲解不同地方摆脱贫困的具体方针策略和实施办法。每个地方的致贫原因、贫困状态、脱贫方略、推进过程、人物故事、脱贫效果等丰富信息,在主持人亲临现场、深度体验中,娓娓道来。既有国家政策、辽阔疆域、壮美山川的宏大叙事,又有政策落地、具体实施故事的微观叙述;有纵向历时空的前因后果、来龙去脉、今昔对比,也有横向共时空的不同地域丰富性、独特性,纵横交织、全景观、立体化呈现中国脱贫攻坚进程中因地制宜、精准施策、民为邦本的新时代国家形象。

1. 人民至上、集中力量办大事、秉持钉钉子精神的新时代政府形象

作品详细解释中国政府的扶贫政策和推进计划,采访生态扶贫专家,探访易地搬迁推进者,跟拍定点改善农村设施建设企业家,展现中国政府人民至上、一张蓝图绘到底、全国一盘棋的执政理念。以悬崖村等10多个典型扶贫案例,呈现国家调派10万多工作人员,从南到北,从戈壁沙漠到热带雨林,逐座山、逐家逐户走访调研,识别出12.8万个贫困村,锁定9900多万贫困人口,派驻100多万扶贫干部,驻村查找原因,对症下药,精准施策;推行"万家企业帮万村",建设12万个扶贫"希望小镇";推进异地搬迁、生态扶贫等计划,彰显社会主义国家的制度优越性,集中力量办大事。展现不畏艰难、人民至上的中国政府形象。

2. 质朴善良、革故创新、勤劳进取的普通中国人形象

中国地域差异悬殊,贫困人口基数大,短时间内近1亿人整体摆脱贫困,其艰巨性与复杂性前所未有。作品没有掩盖困难,而是充分展现不同地域人民观念转变的过程,表现扶贫干部工作的艰难进程,呈现过去与现在的巨大变化,展现历经千辛万苦、百折不挠的中国政府和人民的坚强与伟大。贵州寨章村被大山环绕,居住及生活条件艰苦,但是村民一开始并不理解扶贫干部改造重建房屋及基础设施

的做法,不愿意离开世代居住的祖屋。当看到样板房里宽敞明亮的客厅、卧室、厨房,还有水泥大马路、幼儿园、学校、非遗工作坊,生活条件发生巨大改变后,脸上露出发自内心的感激和笑容,呈现出顾全大局、质朴善良、勤劳进取的普通中国人形象。

3. 因地制宜、人与自然和谐共生共赢的新时代生态形象

人与自然是生命共同体,中国坚持走生产发展、生活富裕、生态良好、人与自然和谐共生共赢的文明发展道路。作品展现国家因地制宜,一地一策的推进过程及效果。西北沙漠戈壁没有水,生存环境恶劣,采取异地搬迁方式,还土地给生态,绿化植树,引水灌溉,恢复生机;海南热带雨林树多水多,与人类争夺生存空间,采用生态移民,发展有机农业,有效利用环境资源,脱贫致富。展现人与自然共生共赢,创造人类文明新形态的新时代中国形象。

4. 物质条件与文化教育条件共同改善的新时代经济形象。

物质富足、精神富有是社会主义现代化的根本要求。物质贫困不是社会主义,精神贫乏也不是社会主义。作品用生动故事,展现生活物质条件改善之后,改进教育设施、丰富文化生活、完善医疗条件等,悬崖村藤梯变钢梯,钢梯变楼梯,搬进城市里的新房后,沙发、彩电、互联网,一应俱全。扶贫干部教村民学说普通话,学用互联网,提高文化水平,传承传统文化,加强医疗保障,呈现促进物的全面丰富和人的全面发展的新时代中国形象。

二、呈现新时代中国国家形象的路径方法

1. 叙述视角:沉浸式体验打造"理解式对话"

《无穷之路》采用主持人介入式体验采访的方式,沉浸现场,讲述所见、所感。打破全知全能视角的单向度讲述,在情景体验的双向交流中,消解陌生感,构建理解信任,营造主持人与被采访者、叙述者与观众之间立体多维理解场域,实现信息传达的有效性和高吸引力。陈贝儿在悬崖村体验攀爬钢梯,1 500米直立高耸的钢梯,令人望而生畏,陈贝儿一边艰难地攀爬,一边气喘吁吁地和悬崖飞人拉博交

流。一个说"你看看下面的风景",一个说"不看,不看","不看,你会错过独一无二的风景",在生动对话中,传递出生存环境的恶劣。而生活在这里的人们朴实善良、乐观坚强等大量真实信息,引发受众的深刻理解与共情。在怒江,主持人体验古老出行工具溜索,与当地村民邓医生一起共同处于绳索之上,也共同经历惊险行程,引发观众惊叹。沉浸式体验、互动式交流,营造理解式对话,激发受众认可式观看,更愿意了解和理解作品所传递的致贫原因、脱贫必要以及脱贫过程的艰辛。

2. 叙事方式:轻松活泼日记体增强时代感

《无穷之路》采用视频日记的形式进行内容呈现,以主持人现场所见的第一人称视角画面,用轻快活泼的方式,展现国家精准扶贫政策落实进程中不同地域摆脱贫困的巨大变化,具有强烈的代入感和沉浸感。第一集《四川悬崖山》,主持人一落地,就手持自拍设备,面对镜头介绍当地自然环境及贫困状况。在体验攀爬天梯时,镜头捕捉陈贝儿手持自拍相机,一边攀爬,一边讲述的现场画面,展示钢梯险峻的同时,也展现主持人的亲切、活泼、敬业与勇敢,具有强烈视觉冲击和现场参与感。第三集《云南怒江》,主持人跟随邓医生体验怒江溜索,画面中出现摄像机和手持相机,明确显示Vlog+纪录片的拍摄形式,形成受众与主持人直接交互状态,真实性、亲切感和交互性显著增强。

3. 叙事策略:注重过程、展示对比增强说服力

纪录片是发现的艺术,是在过程展示中用细节营造真实的艺术。《无穷之路》用影像讲述精准脱贫的过程,从过去贫困的状态,到现在解决贫困的想法、办法、政策产生的过程,方案推动的进程,落实的结果等,逐一展现。将过去与现在并置对比,在线性的历时空叙事中,缀以一个个生动鲜活的细节,立体呈现脱贫攻坚的艰难历程和辉煌成果,具有事实无可争辩的说服力。悬崖村脱贫前的影视资料展示简陋"藤梯",与脱贫中政府修建崭新坚固"钢梯"的对比;"悬崖飞人"莫色拉博搬进新家电视、沙发、客厅、卧室等城市化设施,与没有水

电、没有卧室的杂乱旧家的对比;村民艰难背物品下山被压低价钱,与网络铺设完成后互联网直播轻松带货的对比;西海固昔日戈壁荒滩与葡萄种植、引水灌溉形成今日金滩绿洲的对比等:以变化过程的事实呈现,验证国家精准扶贫战略的合理性和有效性,达到内涵价值的有效传播,增强可信力和说服力。

4. 传播渠道:国际视野与大屏小屏联动

在传播方面,具有国际视野、多媒体联动、立体化传播特点。《无穷之路》为香港无线电视制作出品,在香港翡翠台率先播出,并在埋堆堆 APP 同步播出,随后在内地知名新媒体网站推出。制作之初充分考虑适合各种语言用户,由团队原班人马制作出粤语、英语和普通话三种版本,充分满足香港、内地和国外广大用户需求。除香港和内地,TVB 还拥有广泛海外传播网络。TVB 通过向马来西亚、新加坡、美国和加拿大付费电视台分销内容,触及全球华人社区。其新媒体服务 TVB Anywhere,以及 TVB 在 YouTube 等社交媒体平台的账户,吸引超过 2 400 万用户。《无穷之路》不仅让香港和海外受众了解中国脱贫攻坚战所创造的奇迹,追踪中国社会发展的进程,也让内地、香港以及海外的观众感受到中国脱贫工程的伟大,塑造出勇毅进取的新时代中国形象。

三、启示与思考

国家形象塑造传播是一个系统庞大工程,任何媒体都有从各自角度、用不同方式塑造传播国家形象的职责。讲好中国故事,传播好中国声音,展示真实、立体、全面的中国,是加强我国国际传播能力建设的重要任务。新时代中国国家形象,不同于以往历史时期,具有鲜明时代特征。脱贫攻坚纪录片全面把握新时代中国国家形象内涵,用生动活泼、贴近当代受众接受心理的方式,在塑造新时代国家形象方面,有一些有益启发和思考。

1. 明晰新时代中国国家形象内涵,有的放矢

《无穷之路》拍摄之初就有明确的展现新时代中国国家形象的意

识和宗旨,陈贝儿也因为此片,成为"让香港人有归属感的人"。在突出新时代特点,对新时代中国国家形象内涵进行全面、清晰理解与呈现方面,有的纪录片还需努力提升。

2. 创新叙事方式,打造理解式对话,进一步提升吸引力

用什么方式讲述新时代中国故事,让受众更容易、更愿意接受,是需要认真对待的重要问题。纪录片创作应该尽量创新表现手法,打破一元叙事,构建二元及多元立体交流,注重时代感与互动性、亲和力与年轻态,提升受众观看认可度和吸引力。

3. 融合力量、合力共塑,打造与新时代中国国家形象匹配的精品力作

目前中国纪录片创作存在题材内容同质化、内容比例不均、作品质量参差不齐等现象。美食、历史题材偏多,现实题材不够,在深挖新时代中国国家形象内涵、打造具有国际影响力精品力作方面,仍有很多拓展空间。需要创作主体联合联动,发挥各自优长,互鉴互补,合力共塑新时代中国形象。

纪录片需要深入全面理解把握新时代中国国家形象的内涵价值,着力表现国际风云变幻背景下,面对世界重大困难和挑战,中国贡献中国智慧和中国价值,彰显人民至上、热爱和平、积极践行人类命运共同体理念、推动建设人类文明新形态的新时代中国国家形象。

附表:指导学生作品获奖目录(2009—2022)

序号	年份	片名	作者及获奖	片长
1	2009	《奥运大厨》	傲雪娇 校传媒文化节二等奖	10分钟
2	2009	《外教克里斯》	潘磊 校传媒文化节三等奖	14分钟
3	2009	《男幼儿园老师》	张莉丽 校传媒文化节二等奖	11分钟
4	2009	《幸福是什么》	朱云龙 校传媒文化节三等奖	12分钟
5	2010	《黑吉他红吉他》	路州 中国高教影视学会优秀奖	11分钟
6	2010	《故乡的茶》	周越 校传媒文化节一等奖	7分钟
7	2011	《扬州的桥》	沈红娟 "科讯杯"国际大学生影视作品大赛优秀奖、江苏省"领航杯"大学生数字媒体艺术大赛二等奖、校传媒文化节二等奖	7分钟
8	2011	《街舞青春》	谢思思 江苏省"领航杯"大学生数字媒体艺术大赛优秀奖、校传媒文化节三等奖	9分钟
9	2011	《苇中人》	严思杰 江苏省"领航杯"大学生数字媒体艺术大赛二等奖、校传媒文化节二等奖	12分钟
10	2011	《庇护》	陆林 "科讯杯"国际大学生影视作品大赛二等奖、江苏省"领航杯"大学生数字媒体艺术大赛二等奖、校传媒文化节一等奖	13分钟
11	2011	《我和你一样》	万嘉懿 江苏省"领航杯"大学生数字媒体艺术大赛三等奖、校传媒文化节二等奖	9分钟
12	2012	《我是扬州人》	叶素琴 江苏省"领航杯"大学生数字媒体艺术大赛三等奖、校传媒文化节二等奖	8分钟
13	2012	《高旻寺禅意》	吴晶晶 江苏省"领航杯"大学生数字媒体艺术大赛三等奖、校传媒文化节二等奖	9分钟
14	2012	《无声的世界》	吴晶晶 江苏省"领航杯"三等奖	7分钟

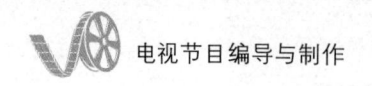

(续表)

序号	年份	片名	作者及获奖	片长
15	2013	《树看扬州》	韩水 江苏省"领航杯"大学生数字媒体艺术大赛三等奖、校传媒文化节一等奖	9分钟
16	2013	《扬州剪纸》	喻贤璐 江苏省"领航杯"大学生数字媒体艺术大赛三等奖、校传媒文化节二等奖	7分钟
17	2014	《筑梦高飞》	包雨蒙 江苏省"领航杯"大学生数字媒体艺术大赛三等奖、校传媒文化节二等奖	10分钟
18	2014	《突发记者》	江苏省"领航杯"大学生数字媒体艺术大赛二等奖、校传媒文化节二等奖	11分钟
19	2015	《瘦西湖上的船娘》	汤灏 高伟 中国高教影视学会二等奖、"金熊猫"国际大学生纪录片大赛入围奖、江苏省"领航杯"大学生数字媒体艺术大赛二等奖、校传媒文化节二等奖	12分钟
20	2015	《跑酷即生活》	周莹洁 汪筱芬 全国大学生体育影像节最佳摄像奖、"金熊猫"国际大学生纪录片大赛入围奖、"万峰林"微电影节一等奖、西部大学生微电影节一等奖、江苏省"领航杯"大学生数字媒体艺术大赛二等奖、校优秀毕业设计奖、校传媒文化节一等奖	13分钟
21	2015	《遗失的古井》	朱雅琴 校传媒文化节一等奖	9分钟
22	2015	《扬州城门》	孙华龙 校传媒文化节二等奖	6分钟
23	2015	《小印章上大梦想》	武琼 江苏省"领航杯"大学生数字媒体艺术大赛二等奖、校传媒文化节三等奖	12分钟
24	2015	《扬州小巷》	高雪青 江苏省"领航杯"大学生数字媒体艺术大赛一等奖、校传媒文化节二等奖	8分钟
25	2015	《当火烧遇见披萨》	李欢欢 江苏省"领航杯"大学生数字媒体艺术大赛三等奖、校传媒文化节二等奖	12分钟
26	2015	《扬州家风》	江苏省"领航杯"大学生数字媒体艺术大赛优秀奖、校传媒文化节二等奖	7分钟
27	2016	《不熄灯的书店》	孙华龙 西部大学生微电影节二等奖	14分钟
28	2016	《奔跑吧姑娘》	孙华龙 西部大学生微电影节一等奖、2016江苏省"领航杯"大学生数字媒体艺术大赛三等奖、校传媒文化节三等奖	9分钟

附表：指导学生作品获奖目录(2009—2022)

(续表)

序号	年份	片名	作者及获奖	片长
29	2016	《定格》	金天丽 沈钰幸 2016 江苏省"领航杯"大学生数字媒体艺术大赛三等奖、校传媒文化节三等奖、2019年第八届国际大学生微电影盛典二等奖	9分钟
30	2016	《我与乒乓》	江苏省"领航杯"大学生数字媒体艺术大赛二等奖、校传媒文化节三等奖	8分钟
31	2016	《足球》	江苏省"领航杯"大学生数字媒体艺术大赛二等奖、校传媒文化节三等奖	14分钟
32	2016	《跨栏》	江苏省"领航杯"大学生数字媒体艺术大赛二等奖、校传媒文化节三等奖	9分钟
33	2017	《一棵树的故事》	沈钰幸 扬州大学优秀毕业设计	11分钟
34	2017	《"桥"看扬州》	孙昊 扬州大学传媒文化节一等奖	7分钟
35	2017	《一生最爱是昆曲》	王玉珏 江苏省"领航杯"大学生数字媒体艺术大赛三等奖	7分钟
36	2017	《我与无人机的故事》	李贵霖 江苏省"领航杯"大学生数字媒体艺术大赛三等奖	8分钟
37	2017	《嬗变——用艺术再造乡村》	李婉育 江苏省"领航杯"大学生数字媒体艺术大赛三等奖	8分钟
38	2017	《雕刻匠心》	张华君 江苏省"领航杯"大学生数字媒体艺术大赛三等奖	8分钟
39	2017	《一声快门》	扬州大学广陵学院优秀毕业设计	5分钟
40	2018	《我的大二班》	康鹏程 江苏省首届微电影超级赛三等奖、2018江苏省"领航杯"信息技术应用能力大赛三等奖	11分钟
41	2018	《走在人生边上》	吉春杰 江苏省首届微电影超级赛优秀奖	10分钟
42	2018	《我的视界》	汪纯鑫 2018江苏省"领航杯"信息技术应用能力大赛三等奖	8分钟
43	2018	《萤火》	窦蓉 翟成 江苏省改革开放四十年校园微电影科研创新实践大赛一等奖	10分钟
44	2018	《筝途逐梦》	王旭东 2018江苏省"领航杯"信息技术应用能力大赛三等奖	8分钟
45	2018	《青春期萌动》	陆炜 第二届"iTeach"全国大学生数字化教育应用创新大赛二等奖	5分钟

· 169 ·

(续表)

序号	年份	片名	作者及获奖	片长
46	2019	《什么是景别》	陈培桢 第三届"iTeach"全国大学生数字化教育应用创新大赛三等奖	5分钟
47	2019	《田埂上的梦想》	吉春杰 扬州大学优秀毕业设计	9分钟
48	2019	《解读八怪》	董书林 扬州大学广陵学院优秀毕业设计、扬州市新媒体作品三等奖	10分钟
49	2020	《我们都是追梦人》	陈婕 "领航杯"江苏省大学生信息技术应用能力大赛三等奖	11分钟
50	2020	《归根》	陈婕 扬州大学广陵学院优秀毕业设计	10分钟
51	2020	《鸬鹚捕鱼》	徐祎程 全国大学生计算机设计大赛优胜奖、江苏省大学生计算机设计大赛三等奖	7分钟
52	2020	《光明之下》	甘俊伟 "领航杯"江苏省大学生信息技术应用能力大赛三等奖	5分钟
53	2020	《海之歌》	沈可君 第六届江苏省科普大赛三等奖	8分钟
54	2020	《螺丝钉》	陈乾雨 第六届江苏省科普大赛三等奖	11分钟
55	2020	《运河之上烟柳画桥》	沈可君 中宣部"学习强国"平台播出并获奖、扬州市新媒体作品二等奖	5分钟
56	2020	《扬州群巷》	陈乾雨 "领航杯"江苏省大学生信息技术应用能力大赛三等奖、扬州市新媒体作品三等奖	8分钟
57	2020	《塑心》	刘娜 扬州市新媒体作品三等奖	8分钟
58	2020	《听》	王旭东 "领航杯"一等奖，2020年入选全国艺术硕士研究生优秀毕业成果	10分钟
59	2021	《神雕侠侣》	董书林 扬州市新媒体作品二等奖	13分钟
60	2021	《廊桥怡梦》	张泉水 扬州市新媒体作品三等奖	8分钟
61	2021	《钧瓷魂》	扬州大学优秀毕业设计	8分钟
62	2021	《扬州漆雕》	董书林 江苏省科普公益大赛一等奖	6分钟
63	2021	《戏中人》	温彩霞 全国大学生视频展映二等奖	8分钟
64	2022	《朱自清·刹那》	文良平 扬州市优秀文艺电视节目一等奖	20分钟
65	2022	《淮扬本味》	董书林 扬州市优秀文艺电视节目三等奖	11分钟
66	2022	《后疫情·医情》	张楚茗 扬州市优秀文艺电视节目三等奖	10分钟
67	2022	《琴心》	梁一洪 扬州市优秀文艺电视节目三等奖	8分钟

(续表)

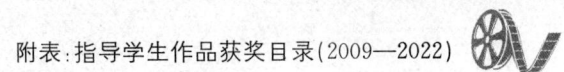

序号	年份	片名	作者及获奖	片长
68	2022	《"她"的校服》	方泊元 江苏省科普公益大赛三等奖	7分钟
69	2023	《漠土园丁》	梁言、万欣怡 第八届"两岸新锐设计竞赛·华灿奖"华东赛区三等奖	10分钟

参考文献

(以出版时间为序)

国外：

1. ［英］罗宾·乔治·科林伍德：《艺术原理》，王至元、陈华中译，中国社会科学出版社1985年版。

2. ［美］苏珊·朗格：《情感与形式》，刘大基译，中国社会科学出版社1986年版。

3. ［法］安德烈·巴赞：《电影是什么》，崔君衍译，中国电影出版社1987年版。

4. ［美］埃里克·巴尔诺：《世界纪录电影史》，张德魁、冷铁铮译，中国电影出版社1992年版。

5. ［美］亨·阿杰尔：《电影美学概述》，徐崇业译，中国电影出版社1994年版。

6. ［法］乔治·萨杜尔：《世界电影史》，徐昭、胡承伟译，中国电影出版社1995年版。

7. ［法］克里斯蒂安·麦兹：《电影语言——电影符号学导论》，刘尧森译，远流出版社1996年版。

8. ［美］爱德华·W.萨义德：《东方学》，王宇根译，三联书店出版社1999年版。

9. ［加］马歇尔·麦克卢汉：《理解媒介：论人的延伸》，何道宽译，商务印书馆2000年版。

10. ［美］詹姆斯·费伦：《作为修辞的叙事》，陈永国译，北京大学出版社2002年版。

11. [美]爱德华·萨义德:《知识分子论》,单德兴译,三联书店出版社 2002 年版。

12. [苏]安德烈·塔可夫斯基:《雕刻时光》,陈丽贵译,人民文学出版社 2003 年版。

13. [美]尼尔·波兹曼:《娱乐至死》,章艳译,广西师范大学出版社 2004 年版。

14. [美]迈克尔·拉比格:《纪录片创作完全手册》,何苏六译,中国电影出版社 2005 年版。

15. [美]塞伦·麦克莱:《传媒社会学》,曾静平译,中国传媒大学出版社 2005 年版。

16. [法]莫里斯·梅洛·庞蒂:《知觉现象学》,蒋志辉译,商务印书馆 2005 年版。

17. [加]安德烈·戈德罗:《什么是电影叙事学》,刘云舟译,商务印书馆 2005 年版。

18. [美]詹宁斯·布莱恩特:《传媒效果概论》,陆剑南译,中国传媒大学出版社 2006 年版。

19. [美]保罗·罗沙:《弗拉哈迪纪录电影研究》,贾恺译,上海人民美术出版社 2006 年版。

20. [美]理查德·谢弗:《社会学与生活》,刘鹤群译,世界图书出版公司 2006 年版。

21. [英]约·罗伯茨:《十九世纪西方人眼中的中国》,蒋重跃译,中华书局 2006 年版。

22. [日]山根贞男:《收割电影》,冯艳译,上海人民出版社 2007 年版。

23. [美]比尔·尼可尔斯:《纪录片导论》,陈犀禾、刘宇清、郑洁译,中国电影出版社 2007 年版。

24. [美]艾伦·罗森塔尔:《纪录片编导与制作》,张文俊译,复旦大学出版社 2008 年版。

25. [美]赫伯特·马尔库塞:《单向度的人》,刘继译,上海译文

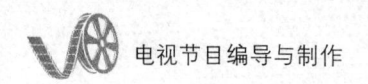

出版社 2008 年版。

26. [法] 罗兰·巴特：《符号学原理》，李幼蒸译，中国人民大学出版社 2008 年版。

27. [美] 乔舒亚·库伯·雷默：《外国学者眼中的中国》，沈晓雷译，社会科学文献出版社 2008 年版。

28. [美] 史蒂文·卡兹：《电影镜头设计》，王旭峰译，世界图书出版公司 2010 年版。

29. [美] 罗伯特·C. 艾伦：《电影史：理论与实践》，李迅译，世界图书出版公司 2010 年版。

30. [美] 拉里·A. 萨默瓦：《跨文化传播》，闵惠泉译，中国人民大学出版社 2010 年版。

31. [美] 塞缪尔·亨廷顿：《文明的冲突与世界秩序的重建》，周琪等译，新华出版社 2010 年版。

32. [美] T. 克里斯托弗·杰斯普森：《美国的中国形象》，姜智芹译，江苏人民出版社 2010 年版。

33. [美] 希拉·科伦·伯纳德：《纪录片也要讲故事》，孙红云译，世界图书出版公司 2011 年版。

34. [英] 约翰·伯格：《观看之道》，戴行钺译，广西师范大学出版社 2015 年版。

35. [英] 布莱恩·温斯顿：《纪录片：历史与理论》，王迟译，中国广播影视出版社 2015 年版。

国内：

1. 郭镇之：《中国电视史》，文化艺术出版社 1997 年版。

2. 钟大年：《纪录片论纲》，北京广播学院出版社 1997 年版。

3. 何苏六：《电视画面编辑》，中国广播电视出版社 1997 年版。

4. 任远：《电视纪录片新论》，中国广播电视出版社 1997 年版。

5. 任远：《世纪纪录片史略》，中国广播电视出版社 1999 年版。

6. 张雅欣：《中外纪录片比较》，北京师范大学出版社 1999 年版。

7. 朱羽君:《现代电视纪实》,北京广播学院出版社 2000 年版。

8. 姜依文:《生存之境》,北京广播学院出版社 2000 年版。

9. 李智:《中国国家形象》,新华出版社 2001 年版。

10. 单万里:《纪录电影文献》,中国广播电视出版社 2001 年版。

11. 方方:《中国纪录片发展史》,中国戏剧出版社 2003 年版。

12. 高维进:《中国新闻纪录电影史》,中央文献出版社 2003 年版。

13. 林少雄:《多元视域中的纪实影片》,学林出版社 2003 年版。

14. 张同道:《大师影像》,南方日报出版社 2003 年版。

15. 张同道:《电影艺术导论》,中国计划出版社 2003 年版。

16. 张晓峰:《电视制作原理与节目编辑》,中国广播电视出版社 2004 年版。

17. 单万里:《中国纪录电影史》,中国电影出版社 2005 年版。

18. 何苏六:《中国电视纪录片史论》,北京广播学院出版社 2005 年版。

19. 欧阳宏生:《纪录片概论》,中国广播电视出版社 2005 年版。

20. 王列:《电视纪录片创作教程》,中国广播电视出版社 2005 年版。

21. 胡智锋:《"真相"与"造像"》,中国广播电视出版社 2006 年版。

22. 李恒基、杨远婴:《外国电影理论文选》(上、下),三联出版社 2006 年版。

23. 侯洪:《感受经典——中外纪录片文本赏析》,四川大学出版社 2006 年版。

24. 黎小锋、贾恺:《纪录片创作》,上海外语教育出版 2006 年版。

25. 张红军:《纪录影像文化论》,新华出版社 2006 年版。

26. 平杰:《另眼相看》,文汇出版社 2006 年版。

27. 刘习良、李丹:《中国纪录片年鉴 1990—2007》,中国广播出版社 2007 年版。

28. 刘效礼：《2007 中国电视纪实节目发展报告》，中国传媒大学出版社 2007 年版。

29. 单万里：《纪录电影分析》，中国广播电视出版社 2007 年版。

30. 乔云霞：《中国广播电视史》，中国广播电视出版社 2007 年版。

31. 刘洁：《纪录片的虚构》，中国传媒大学出版社 2007 年版。

32. 胡克：《美国电影分析》，中国广播电视出版社 2007 年版。

33. 魏珑：《电视编导》，浙江大学出版社 2007 年版。

34. 任远：《纪录片的理念与方法》，中国广播电视出版社 2008 年版。

35. 李兴国：《中国广播电视文艺大系电视纪录片卷》（上、下），中国广播学院出版社 2008 年版。

36. 张同道：《真实的风景：世界纪录导演研究》，同心出版社 2009 年版。

37. 朱晓军：《电视媒介文化与后现代主义思潮》，中国广播电视出版社，2009 年版。

38. 宋素丽：《自我的裂变——叙事心理学视野中的中国纪录片研究》，中国传媒大学出版社 2009 年版。

39. 聂欣如：《纪录电影大师伊文思研究》，上海书店出版社 2010 年版。

40. 张同道：《多元共生的纪录时空》，北京师范大学出版社 2010 年版。

41. 胡智锋：《创意与责任——中国电视的本土化生存》，中国传媒大学出版社 2010 年版。

42. 张国涛：《传播文化：全球化与本土化》，中国传媒大学出版社 2010 年版。

43. 张献民序：《清影纪录中国 2009》，广西师范大学出版社 2013 年版。

44. 顾长卫序:《清影纪录中国 2010》,广西师范大学出版社 2013 年版。

45. 钟大年序:《清影纪录中国 2011》,广西师范大学出版社 2013 年版。

46. 张同道:《经典全案:世界纪录片产业论丛》,中国广播影视出版社 2016 年版。

47. 张同道:《中国纪录片发展研究报告》,中国广播影视出版社 2017 年版。

48. 张同道:《光影论语·纪录片卷》,中国广播影视出版社 2018 年版。

49. 张同道、胡智峰:《中国纪录片发展研究报告(2019)》,中国广播影视出版社 2019 年版。

50. 武新宏:《错时空与本土化:比较视野下中国电视纪录片风格衍变(1958—2013)》,社科文献出版社 2013 年版。

51. 武新宏:《传承与再现:中外经典纪录片作品案例分析》,南京大学出版社 2018 年版。

52. 武新宏:《电视纪录片"自塑"国家形象研究(1958—2018)》,人民出版社 2020 年版。